事　件

Event

斯拉沃熱·齊澤克　著

王　師　譯

商務印書館

本書中文譯稿由上海文藝出版社授權使用。

事　件（Event）

作　　者：斯拉沃熱·齊澤克 (Slavoj Žižek)

譯　　者：王　師

責任編輯：李倖儀

封面插圖：蘇小泡

出　　版：商務印書館 (香港) 有限公司

　　　　　香港筲箕灣耀興道 3 號東匯廣場 8 樓

　　　　　http://www.commercialpress.com.hk

發　　行：香港聯合書刊物流有限公司

　　　　　香港新界大埔汀麗路 36 號中華商務印刷大廈 3 字樓

印　　刷：中華商務彩色印刷有限公司

　　　　　香港新界大埔汀麗路 36 號中華商務印刷大廈 14 字樓

版　　次：2017 年 4 月第 1 版第 1 次印刷

　　　　　© 2017 商務印書館 (香港) 有限公司

　　　　　ISBN 978 962 07 5712 9

　　　　　Printed in Hong Kong

目　錄

啟　程：轉捩中的事件

"印尼的海嘯奪去了 20 萬人的生命！""狗仔隊偷拍到布蘭妮・斯皮爾斯（Britney Spears）的私處""我終於意識到應該拋下一切去幫助他！""殘暴的軍事佔領摧毀了整個國家！""這是人民的勝利！獨裁者逃走了！""怎麼會有像貝多芬最後一首鋼琴奏鳴曲這樣美妙的音樂？"

所有這些陳述，都指涉着某些我們視為"事件"的東西——這是個有着《格雷的五十道色戒》般捉摸不定的概念。一個"事件"可以是淒慘嚴酷的自然災害，也可以是媒體熱議的明星緋聞；可以是底層人民的抗爭與勝利，也可以是殘酷的政權更迭；可以是藝術品帶給人的強烈感受，也可以是為愛與親情而作出的抉擇。鑒於事件的種類是如此紛繁多樣，除了懷揣着大抵不錯的理解，冒險登上這趟駛向概念探尋之旅的列車之外，我們幾乎想不出其他法子來給"事件"

一個恰當的界說了。

阿嘉莎‧克莉絲蒂（Agatha Christie）的偵探小說《命案目睹記》（4.50 from Paddington）的故事在一趟由蘇格蘭駛往倫敦的列車上拉開序幕。埃爾斯佩思‧麥克基利科蒂要去看望老朋友簡‧馬普爾小姐，在車上目睹了迎面駛過的一列火車車廂裏發生的一椿命案。由於這一切來得過於迅速而突然，埃爾斯佩思視線也不太清晰，因此警方並沒有採信她的證詞；只有馬普爾小姐意識到問題的嚴重性並展開了調查。這可算最簡單純粹意義上的事件了：在毫無準備的情況下，一件駭人而出乎意料的事情突然發生，從而打破了慣常的生活節奏；這些突發的狀況既無徵兆，也不見得有可以察覺的起因，它們的出現似乎不以任何穩固的事物為基礎。

從定義上說，事件都帶有某種"奇跡"似的東西：它可以是日常生活中的意外，也可以是一些更宏大、甚至帶着神性的事情。基督升天的事件性（eventual nature），恰恰在於它要求人們對於一個特定事件（亦即基督復活）的信仰。在這方面，信念及其理由之間的循環關係或許更為根本：我並不認為自己之所以信仰基督，是由於我被信仰背後的理由所說服；因為只有當我相信自己能理解對此信念的理由之後，這種說服才成為可能。同樣的循環關係，也出現在對愛情的理解中：我並非出於某些具體的理由（例如她的嘴唇或笑容）才愛上她——相反，恰恰是因為我愛上了她，她的嘴唇和笑容才顯得如此打動我的心弦。這也正是愛情也具有事件性的原因。在循環結構中，若干事件互為因果。[1]政治性事件也具有類似的循環結構：在其中，事件性的結果以回溯的方式決定了自身的原因或理由。開羅解放廣場（Tahrir Square）上的抗議示威推翻了穆巴拉克的威權統治：我們固然很容易將抗議活動的原因歸結為埃及社會發展的死結（例如受教育青年因大規模失業而導致的絕望情緒等），但在某種意義上，這些癥結又都無法解釋那場民眾運動為何會積聚起如此摧枯拉朽的力量。

在同樣的意義上，新藝術風格的興盛也可算是一類事件。在此不妨拿"黑色電影"（film noir）的出現作個例子。據文藝史家馬克·維爾耐的考證[2]：黑色電影概念誕生之前，其所有主要特徵（如明暗交替的用光、傾斜的鏡頭角度、驚險跌宕的劇情、放蕩而有着致命吸引力的美女等）在荷里活作品中都早已有之。真正令人不解的是，"黑色"（noir）這個概念竟能帶來如此深入人心的神秘印象，事實上，維爾耐的研究所揭示的歷史事實愈是詳盡，我們便愈加感受到這個

---

1 這也正是為甚麼在戀愛中，我們總是讓自身的弱點在所愛之人面前暴露無遺：當我們赤裸相對時，對方不經意間的嘲諷笑容與評論就可能讓魅力變成了笑柄。愛意味着絕對信任：當愛一個人時，我授予了他（她）能夠摧毀我自己的力量，我希望／相信對方不會使用它。

2 Marc Vernet, 'Film Noir on the Edge of Doom,' in Joan Copjec, ed., *Shades of Noir*, London: Verso Books, 1993.

"虛幻"的黑色概念那種難以名狀的力度 —— 以至數十年間，它始終在我們的想像中縈繞不去。

按照第一種界定事件的方法，我們可以將事件視作某種超出了原因的結果，而原因與結果之間的界限，便是事件所在的空間。循着這初步的定義上行，我們實際上已經踏入哲學的核心地帶 —— 因果性正是哲學的基本問題之一：是否所有的事物都以因果鏈條相連？一切存在之物是否都受充足理由律的支配？真的有無緣無故憑空出現的事物嗎？如果事件的發生不以充足理由為基礎，我們又如何借助哲學給出對事件及其可能條件的界定？

自其誕生之日起，哲學似乎就始終徘徊在先驗論（transcendental）與存在論（ontological/ontic）這兩個進路之間。先驗論旨在揭示現實以怎樣的普遍結構向我們呈現：它要回答的是實在物的感知如何可能的問題。主張先驗論的哲學家認為，我們的認知架構是"先驗"的（transcendental），它決定着現實的座標 —— 例如，先驗論的進路往往讓我們意識到：對科學自然主義者而言，只有位於時空中且遵循物理定律的物質現象才是真實存在的；而在持前現代傳統觀念的人看來，在人類的籌劃之外，精神與意義也是實在的一部分。與此相反，存在論的進路關注的則是現實本身及其形成與發展過程，例如：宇宙是如何誕生的？它是否有起始和終結？我們在其中又處於怎樣的位置？到了二十世紀，這兩個哲學思考路徑之間的鴻溝已經空前巨大：先驗論思想在德國哲學家馬丁・海德格爾（Martin Heidegger，1889—1976）那裏達到了巔峰；而存在論則轉變為自然科學的領地：量子力學、腦科學與進化論，成為我們尋求宇宙起源變化問題答案的依據。在其《大設計》（The Grand Design）一書的開篇，理論物理學家史蒂芬・霍金勝利地宣稱 "哲學已死" [3]：那關於世間萬物的形而上學問題，一度曾專屬哲學思辨的領域，如今不但被經驗科學所回答，而且還能通過實驗加以檢驗。

令人驚訝的是，哲學的這兩個進路的發展與深化，又都與事件概念密切相關：在海德格爾那裏，存在的揭示（disclosure）正是一個事件，在其中，意義的視域得以敞開，我們對世界的感知以及和它的關係也由此確定下來。而當代量子宇宙論則認為，宇宙萬物都源於大爆炸（亦即 "對稱破缺"）這個原初事件。

我們此前將事件界定為超過了原因的結果，在此，這個定義似乎面臨着模棱兩可的矛盾：事件究竟是世界向我們呈現方式的變化，還是世界自身的轉變？哲學究竟是減損了事件的自主性，還是使這種自主性得以澄清？面對這個難題，

3　Stephen Hawking and Leonard Mlodinow, *The Grand Design*, New York: Bantam, 2010, p.5.

我們似乎可以通過一種顯而易見的方法理出頭緒，例如，我們可以將事件分為一系列的類別，每個類別下再分出子類：如物質事件、非物質事件、藝術事件、科學、政治與情感事件……然而，這個分類法忽視了事件的一個基本屬性，即：事件總是某種以出人意料的方式發生的新東西，它的出現會破壞任何既有的穩定架構。因此筆者認為，唯一合適的研究方法，恰恰是以事件性的方式入手展開對事件的探索——我們將逐一討論關於事件的不同觀念，揭示出各個觀念的死結（deadlock），並分析此過程中普遍性自身的轉變。筆者希望通過這種方式，我們將趨近黑格爾意義上的"具體普遍性"，這普遍性"不僅是個別內容的容器，它更能通過對自身的對抗（antagonism）、死結與矛盾的部署，生成這些內容。"

這情形就如同坐在一列地鐵列車上，其運行線路有許多的停靠站與分岔，每一站都代表着對事件的一個假定定義。我們在第一站將討論世界向我們呈現的架構的變化與解體；第二站談的是宗教裏的"墮落"；接下來則依次是對稱破缺、佛教裏的"正等正覺"、破壞了日常生活的真相、具有純粹事件性的對自我的體驗、那些將真理本身事件化了的彷彿把握真理的幻覺、破壞了象徵性的秩序之穩定的創痛經歷、"主能指"（Master-Signifier）的出現（這種能指給出了整個意義之域的結構）、對純粹的感覺／非感覺之流的經驗……最後，我們還將提及取消事件性的成就（evental achievement）的問題。這旅途雖然不乏顛簸起伏，但將會是激動人心的，而隨着我們深入概念的腹地，許多問題也將得以澄清。那麼，閒言少敍，讓我們就此啟程！

第一站：架構、重構與建構

　　1944 年 9 月 7 日，隨着盟軍開進法國境內，德國人將菲力浦・貝當元帥及其名義領導下的維希政府遷到了德國南部的西格馬林根（Sigmaringen）。並在那裏建立了一個以費爾南・德・布里農（Fernand de Brinon）為首腦的，享有法國流亡政府治外法權的城市國家。德國、日本和意大利在西格馬林根開設了使館，這個城市擁有兩個廣播電台以及兩家出版社。生活在這塊飛地上的六千多名公民中，不但有像拉瓦爾（Laval）這樣的維希政府元老、賽琳（Céline）與雷巴特（Rebatet）等知名記者與作家，還有羅伯特・勒・維岡（Robert Le Vigan）這樣的電影明星，後者曾在杜維維耶（Duvivier）1935 年執導的電影《髑髏地》（*Golgotha*）中飾演耶穌基督。此外，西格馬林根還駐紮着五百名士兵、七百名黨衛軍以及不少法國勞工。城中彌漫着近乎瘋狂的官僚作風：為了營造維希政府是代表法國的唯一合法政府的幻象

（雖然從法理上說，這在當時的確是事實），西格馬林根的國家機構繼續着它在法國時的工作：每天，政府都作出數不清的聲明、法案與行政決策，儘管所頒發的這些文件毫無實際效力——這就像一台失去了國家的國家機器，它自行運轉，漫無目的地實現着自身的職能。[1]

在倡導常識，反對哲學的人們看來，哲學這個行當無異於精神上的西格馬林根：哲學家不亦樂乎地虛構出天馬行空的理論，彷彿有了看穿人類命運的洞見，然而真實的生活卻與這些哲學巨擘的思想毫不相干。哲學真的只是一齣虛幻的影子戲嗎？它僅僅是些模仿着真實事件的虛假事件嗎？抑或它的真正力量，恰恰在於其不直接介入生活的超然態度？是否正由於這種與真實事件之間的"西格馬林根距離"，哲學才得以洞察這些事件中更深刻的緯度，並成為我們探索事件之多樣性的唯一方式？然而，面對這些問題，我們首先要問的是：在其最基本的意義上，哲學究竟是甚麼？

2002 年 2 月，時任美國國防部長唐納德‧拉姆斯菲爾德曾在已知與未知的問題上，作了一番準專業的哲學思考，當時他說："世上有已知的已知（known knowns），也就是

1　儘管整個佈局顯得可笑，但其中也不乏悲劇式的淒美，例如在《從一個城堡到另一個城堡》（*D'un château l'autre*）中，賽琳就生動地描繪了西格馬林根悲催困惑的日常生活。

我們知道自己已經知曉的東西；此外還有已知的未知（known unknowns），就是我們知道自己並不了解的東西；然而除了二者之外，還有未知的未知（unknown unknowns），亦即那些我們甚至不知道自己對其一無所知的東西。"當然，拉姆斯菲爾德這麼説的目的，是為美國即將對伊拉克展開的軍事行動辯護：我們知道某些事實（例如，薩達姆·侯賽因是伊拉克總統）；我們還知道自己對許多事並不知曉（例如，伊拉克到底擁有多少大規模殺傷性武器）；但還有許多事我們甚至不知道自己一無所知——薩達姆·侯賽因是否還隱藏着其他秘密武器？不過，拉姆斯菲爾德似乎忘了加上第四種狀況："未知的已知"，也就是那些我們不知道自己已然知曉的東西——這正是佛洛伊德意義上的無意識，也是法國精神分析學家雅克·拉康（1901—81，拉康的著作是本書的主要參考[2]）所謂的"不自知的知識"。（在拉康看來，無意識並不存在於前邏輯或非理性的本能空間，相反，它是主體遺忘了的，由符號所表述的知識。）拉姆斯菲爾德認為，與伊拉克開戰的主要風險來自於"未知的未知"，也就是薩達姆可能掌握的秘密武器；相反，我們在此關於事件的討論，其困難則來自"未知的已知"——亦即我們不願承認的下意識的信念與假設。事實上，這些"未知的已知"才是真正困擾着美軍在伊拉克軍事行動的關鍵因素，拉姆斯菲爾德對這個問題的

2　關於對拉康著作的導讀，參見 Slavoj Žižek, *How to Read Lacan*, London: Granta Books, 2006。

忽略，也恰恰表明他不是真正的哲學家。"未知的已知"是專屬於哲學的話題——它們構成了我們日常經驗的先驗視域（或架構）。在詳述這個問題之前，我們不妨看看在對於運動的理解上，近代早期的人們的認知架構發生了怎樣的轉變：

> 中世紀的物理學理論認為，推動力是物體運動的原因。靜止是物體的自然狀態，物體受到外力作用產生運動，當外力消失，物體便逐漸減速以致停止。為了維持物體的運動狀態，我們必須持續對其施加推力，而推力則是我們能夠感知到的東西。（這甚至被視作上帝存在的論據之一：既然萬物的運動都離不開持續施加的推力，因此上帝便是天堂的推動者。）這樣看來，如果地球在不斷轉動，為甚麼我們完全感覺不到它的運動？哥白尼無法給出這個問題的滿意回答……伽利略則認為：我們能感知的不是速度，而是加速度，因此地球的均速運動並不會被察覺。物體運動的速度只有在受到外力時才會發生改變，這種對於慣性的全新認識，取代了舊的推動力觀念。[3]

運動觀從動力説到慣性説的變化，改變了我們看待現實的基本方式。這種轉變是一個事件：在其最基礎的意義上，

3　摘自 www.friesian.com/hist-2.htm。

並非任何在這個世界發生的事都能算是事件，相反，事件涉及的是我們藉以看待並介入世界的架構的變化。有時，這樣的架構直接以虛構作品的方式向我們呈現，這種虛構物恰恰使我們能夠間接地表達真相。最能體現"有着虛構作品結構的真相"的例子，當屬那些含有戲劇角色表演內容的小説（或電影），在這些作品中，演員在戲劇中的角色，正反映着他們在（作品裏的）真實生活中複雜糾結的戀愛關係。例如，在一部關於《奧賽羅》排演的電影中，排演奧賽羅的演員本人也深受嫉妒之苦，他在表演最後一幕時親手掐死了扮演苔絲狄蒙娜的女演員。簡·奧斯丁的小説《曼斯費爾德莊園》給出了這類作品的一個早期例子。

范妮·普萊斯是個出身貧寒的女子，由曼斯費爾德莊園的主人托馬斯·貝特倫爵士撫養成人，與她一起長大的還有四個表兄姊：湯姆、埃德蒙、瑪利亞、朱麗亞。寄人籬下的范妮時常受到不平等的對待，只有表兄埃德蒙向來對她很好，隨着時光流逝，兩人之間漸漸生出愛慕之情。當曼斯費爾德莊園的孩子長大成人，托馬斯爵士須離開一段時間。在托馬斯爵士離開的兩年間，思想新潮、玩世不恭的克勞福特兄妹——亨利和瑪麗的到來，給平靜的曼斯費爾德莊園帶來了一系列情感波瀾。這羣年輕人一時興起，欲共演著名劇作《情人的誓言》（Lovers' Vows）。范妮和埃德蒙持反對立場，認為這將敗壞托馬斯爵士的名聲，但最後還是同意參加演出。這場劇讓亨利和瑪利亞首次有機會公開調情，並讓埃德蒙和瑪利亞得以談論愛情與婚姻。然而出乎所有人意料的是，演出前幾天，托馬斯爵士突然返家，令整個計劃告吹。[4]但直到這一刻之前，展現在讀者眼前的排練過程，恰恰是劇中人物真實關係的反映，儘管他們自己不願承認這點。

在敍事中，故事的真正含義，往往只能通過類似的視角轉換來達成。前南斯拉夫電影導演杜尚·馬卡維耶夫（Dušan Makavejev）雖以《有機體的秘密》（*WR: Mysteries of the Organism*）等影片名世，但他 1968 年的《不受保護的無辜者》（*Innocence Without Protection*）是更加傑出的作品。這部影片有着獨特的"戲中戲"結構。故事主人公德拉戈爾朱布·阿萊斯克西奇是位年邁的塞爾維亞空中雜技演員，能懸掛在飛機上表演雜技。二戰中德軍佔領塞爾維亞的時候，阿萊斯克西奇在貝爾格勒拍攝了一部情節奇特而感人至深的音樂劇，該劇的名字也是《不受保護的無辜者》。馬卡維耶夫的電影完整包括了主人公阿萊斯克西奇的同名電影，還加上了對阿萊斯克西奇本人的採訪與其他一些紀錄影片。這部電影的關鍵，就在於這兩部電影之間的關係，它們

---

4 同一個形式的更確切版本，出現在所謂"歌劇平行電影"中，這些電影讓當代故事與傳統歌劇（通常是意大利歌劇）的劇情平行發展，歌劇的佈景往往是電影情節的焦點所在。1939 年的意大利電影 *Il Sogno di Butterfly*（《蝴蝶之夢》）在此提供了有趣的例子：舞台上蝴蝶夫人的扮演者羅莎愛上了一個美國男高音並懷上了他的孩子，但這個歌唱家對懷孕並不知情，後來歌唱家回到了美國。四年之後，這個富有而家庭美滿的美國歌唱家又回到了意大利。與歌劇蝴蝶夫人不同的是，羅莎並沒有自殺，她後來全身心地與孩子生活在一起。

向觀眾提出了這樣一個問題：誰才是不被保護的無辜者？在阿萊斯克西奇的電影中，無辜者顯然是那個受到壞繼母壓榨，並被強行嫁人的女孩。然而，馬卡維耶夫的整部影片中，這個不受保護的無辜者，恰恰是阿萊斯克西奇本人。阿萊斯克西奇到老都在表演危險的雜技，他在攝影機前身不由己地又跳又唱，擺弄姿勢。他既要取悅於納粹軍人，戰後又要討共產黨人的歡心，甚至還因其幼稚的表演而被片中的演員所嘲笑。隨着馬卡維耶夫這部影片情節的推進，我們會愈加感受到阿萊斯克西奇對於雜技表演的那種近乎無條件的忠誠態度。還有甚麼能比看到一個古稀老人，在地下室裏一邊用牙咬着吊索，一邊還在攝像機前擺弄各種姿勢更加令人笑中帶淚的呢？阿萊斯克西奇讓自己無辜地完全暴露在公眾眼前，毫無保護地承受着他們的嘲笑與揶揄。一旦我們意識到：片中主角阿萊斯克西奇才是真正不受保護的無辜者，這種視角的轉換便造就了影片的事件性時刻。這是對那些我們自己不願承認的現實的揭露，正是通過這種揭露，影片改變了整個表演的場域。

在荷里活，最流行的電影主題，當然要數情侶的破鏡重圓。在維基百科網站上，關於斯皮爾伯格的影片《超級8》（*Super 8*）的詞條有這樣一段描述："在電影結尾，當星際飛船離開地球向着外星人的母星返航之際，喬和艾莉絲彼此雙手緊扣。"這對戀人終於走到了一起，他們愛情的障礙——那些神秘可怕的外星生物（也就是拉康所說的"帶來創傷的第三者"），如今終於要離開了。然而，片中外星生物這個障礙的角色是模糊不清的，因為儘管它極為殘忍兇惡，但這個生物恰恰是為了讓這對戀人走到一起而存在的；更確切的説法是，外星生物構成了喬與艾莉絲為了在一起而必須面對的困難與挑戰。[5]

在這敍事架構中，與外來物的遭遇是從屬於有情人終成眷屬的主題。我們不應小視這類敍事架構的影響力。讓我們以斯坦尼斯拉夫·萊姆（Stanislaw Lem）的經典科幻小説《索拉里斯星》（Solaris）以及安德烈·塔科夫斯基（Andrei Tarkovsky）1972 年執導的同名電影為例。《索拉里斯星》的故事主人公喀爾文是宇航局的心理學家，他被派遣到位於新發現的索拉里斯星上的一艘半廢棄的飛船上執行任務。不久之前，這艘飛船上發生了一系列離奇的事件（科學家神秘地發了瘋，並在幻覺中紛紛自殺）。索拉里斯是個有着液態海洋的行星，其表面常常會出現精細的幾何結構，有時甚至會出現巨大的孩童以及逼真的建築物形態。儘管此前與索拉里斯星的所有溝通手段均告失敗，不過按科學家的設想，索拉

---

5 荷里活對破鏡重圓的青睞可謂持久 —— 例如在 2012 年的影片《ARGO–救參任務》中，我們在開頭看到，身為 CIA 特工的男主角正與妻子分居，但他與小兒子的感情很深。而在影片結尾，他來到了妻子住處的門口，問妻子可否讓他進去，他的妻子默默地擁抱了他。這個場景的難解之處在於，因為與妻子的復合緊接着逃亡計劃的成功，我們不禁懷疑是否他妻子通過某種方式得知了這個特工的所作所為，但 CIA 的行動又是嚴格保密的。這意味着，這部影片的核心並不在於如何營救躲藏的美國人，而在於這對夫妻的破鏡重圓。

里斯星本身就是個巨型的大腦，它能通過某種方式讀取人類的心靈。喀爾文到達這個星球不久，就看到去世多年的妻子哈瑞出現在牀邊，當年，哈瑞就是因為喀爾文的拋棄而自殺的。備受困擾的喀爾文想盡一切辦法，但始終不能擺脫哈瑞的身影（他試着用火箭把哈瑞發射到太空，但第二天她又出現在牀邊）。對哈瑞的身體組織分析表明，她並非像常人那樣由普通的原子構成：在某個微觀層級以下，她的身體其實是一片虛無。最後，喀爾文終於明白，索拉里斯星是個巨型的大腦，它能將自己內心最深處的幻想物件變成物質現實，儘管這種幻象構成了人的精神生活的中心，然而一旦成為現實，它們反倒使人無法接受。妻子哈瑞正是喀爾文內心最深處的創傷幻想。

在這個意義上，《索拉里斯星》的故事可視作主人公喀爾文的內心之旅，他在試圖面對自己內心被壓制的真相，正如塔科夫斯基自己所說的那樣："或許，喀爾文在索拉里斯星的任務實際上只有一個目的，那就是向世人表明，對於他者的愛在一切生命形式中都不可或缺。缺乏愛的人將不再是人。索拉里斯星上的一切在表明：人性本身必定就是愛。"但與同名電影截然相反的是，在萊姆的小說《索拉里斯星》關注的是這個星球作為"會思考之物"的外部性存在（康德的這個表述在此再合適不過）：小說的主旨，乃是要將索拉里斯星描寫成一個不可穿透的他者，我們完全無法與這個他者作任何交流。誠然，小說也回到了我們的內心幻想這個主題，但那種種現象背後的原因和理由卻永遠無法參透（索拉里斯星為甚麼要這麼做？這是全然機械性反應？它是不是為了幫我們 —— 或迫使我們 —— 面對自身內心的矛盾？抑或這僅僅是一齣捉弄我們的惡作劇？）筆者發現，塔科夫斯基當年的影片與荷里活後來改寫的劇本之間，呈現出有趣的對比：塔科夫斯基在片中的創作手法，與荷里活通俗商業片的導演如出一轍：他改寫了小說中與索拉里斯星的遭遇，將其納入了創造愛與戀人這個主題結構。

擺脫這種荷里活敘事結構的途徑，就在於不再把作品中的"他物"（the Thing）全然視作家庭張力的隱喻，並接受其無意義且不可參透的在場本身。這也正是拉爾斯・馮・特里爾（Lars von Trier）在其 2011 年的影片《世紀末婚禮》（*Melancholia*）中的處理方式。在這部電影中，傳統的被用作情侶戀情障礙的物件 / 他物（如小行星與外星人等）角色被全然顛倒過來。影片結尾，故事中的他物（即逼近地球的行星）沒有像在《超級 8》中那樣退卻，相反，這個星球最終與地球相撞，毀滅了一切生命。《世紀末婚禮》描寫了在這場逼近的危機面前，各主要人物的不同應對方式（有些人因無法忍受而選擇了自殺，另一些人則犬儒式地接受了毀滅的命運）。逼近地球的行星是個他物 —— 這是海德格爾意義上的 das Ding（純粹之物）：即破壞了象徵架構的**真實之物**—— 我們看着它漸漸逼近，卻無能為力，它意味着我們的死亡。[6] 影片以一段慢動作視頻片段作為開頭，其中既有片中主要人物的身影，又有宇宙空間的圖像：一個巨大的行星漸漸逼近地球並與其相撞。整部影片分成兩部分，分別以片中兩姐妹賈斯汀和克雷爾的名字命名。

在影片第一部〈賈斯汀〉中，賈斯汀與邁克爾的婚禮派對在賈斯汀的姐姐克雷爾和丈夫約翰的家中舉行。奢華的婚宴舉行了一整天，在歡快的餐飲舞蹈背後，家庭成員之間的矛盾也暴露無遺（賈斯汀母親的那些刻薄而辱人的話語，氣得約翰差點要把她趕出自己的家；賈斯汀的老闆則一直喋喋不休地求她為自己寫一篇廣告文案）。賈斯汀一個人離開喧囂的婚禮派對，這一切似乎離她愈來愈遙遠，她與一個陌生人在草坪上出軌，丈夫邁克爾最後離開了她。

在第二部分〈克雷爾〉中，深受抑鬱症困擾的賈斯汀，搬來與克雷爾、約翰以及他們的兒子列奧同住。最初，賈斯汀嚴重的抑鬱症不但使其無法進行正常的談話，甚至連洗澡與用餐也有困難；但隨着時間的推移，賈斯汀的症狀開始漸漸好轉。賈斯汀住在克雷爾家期間，原先位於太陽背後的名

---

6 在勞倫・斯卡法莉婭的電影《末日倒數緣結時》（*Seeking a Friend for the End of the World*）中，我們也看到了逼近地球的小行星將要在三週內摧毀地球上的一切生命；然而，儘管這個不可避免的災難是真實的，它仍然只是促成撮合一對情侶的媒介，在世界末日前兩分鐘，這對情侶接受了對方的告白並相擁而逝。這部影片要告訴我們：有時我們需要整個世界的毀滅，才能創造一對情侶。

叫"鬱星"的行星開始向地球逼近，它在夜空中變得愈加明亮。據科學家的預計，鬱星將近距離掠過地球，二者毫無相撞的危險，作為業餘天文愛好者的約翰對此激動萬分。但克雷爾則對可能的世界末日心懷畏懼。克雷爾從一個網站上看到，鬱星彈弓般的運行軌道將如同一場"死亡之舞"，它將在越過地球之後逆向運行，最終與地球相撞。鬱星飛臨地球的那天夜裏，它的軌跡似乎沒有與地球相撞的危險。但就在它掠過地球之後，背景的鳥鳴聲戛然而止，第二天，克雷爾發現鬱星已經逆向運行，它最終將與地球相撞。發現世界末日將近的約翰，用藥物結束了自己的生命。克雷爾變得思緒紛亂，而有抑鬱症的賈斯汀則表現得出奇的冷靜，她坦然接受了世界末日的命運，並聲稱地球是宇宙中唯一有生命的地方。為了安撫列奧，賈斯汀用木杆在宅子前的草坪上搭起了象徵性的"魔法洞穴"。在鬱星逼近地球的最後時刻，賈斯汀、克雷爾和列奧躲進了洞中。克雷爾充滿了恐懼和胡言亂語，而賈斯汀和列奧則平靜地彼此握住雙手。最後，鬱星與地球相撞，瞬間毀滅了一切。

影片的敘事充滿了富有創造性的細節。例如，為了讓克雷爾冷靜下來，約翰用線圈繞出一個小框，使通過這個框的視角正好可以容納下夜空中的鬱星，十分鐘後，當他讓克雷爾再通過這個框觀察鬱星時，克雷爾將會從框周圍增加的空隙發現我們看到的鬱星變得更小，也就是說，這個行星正逐漸離地球遠去。克雷爾看到了增加的空隙和夜空中漸漸縮小的鬱星，心情果然有所好轉。然而當她幾個小時之後再次通過那個小框觀察鬱星時，卻驚恐地發現鬱星的尺寸已經大大超過了那個線框。影片中的這個線框，就如同框住現實生活的幻象之圈；而恰恰是在他物溢出幻象的架構並進入現實之際，我們才能感受到這種震撼。除此之外，片中還詳細描繪了鬱星逼近之際，地球上發生的種種反常的自然現象：昆蟲、蚯蚓和蟑螂這些令人厭惡的生物紛紛從地底爬到草坪上，揭示出隱藏在優美光鮮的草坪下那些令人作嘔的生物——在此，**實在物**（the Real）侵入了現實生活（reality），摧毀了後者的表象。（與此相似，在大衛・林奇的電影《藍絲絨》（*Blue Velvet*）中，父親的心臟病病發之後，鏡頭慢慢靠近草坪地面，然後轉入了地下，畫面呈現出地裏的微生物，郊區中產生活的優美表面之下那個令人作嘔的現實。）[7]

這部電影的想法，最初來自導演馮・特里爾治療抑鬱症的親身經歷。心理治療師曾告訴他，在壓力極大的情況下，有抑鬱症的人反倒比其他人表現得更加沉着冷靜——因為他們對更好的結局早已沒有任何期待。這個事實正反映出日常的現實生活（reality，即我們生活於其中的，由既存習慣與觀念構成的社會空間）與實在物那殘酷而無意義的創傷經歷

7　另一處細節就是：當這個他物逼近地球時，不但動物的行為變得怪異（馬受驚），而且大氣層也起了變化：短時間內，賈斯汀與克雷爾覺得透不過氣——大自然的基本指標和它的平衡正在解體。

之間的分裂：影片中的約翰是個"現實主義者"，他完全沉浸在日常現實之中，因此一旦現實生活的座標崩潰瓦解，約翰的整個世界也隨之坍塌；克雷爾是個歇斯底里之人，她在災難到來時驚恐萬分，對任何東西都產生了懷疑，這也使其避免了精神崩潰；而在世界末日面前，患有抑鬱症的賈斯汀則幾乎不受影響，因為她早已遠離現實生活，生活在自己的抑鬱世界中。

影片展現出人們面對終極事件（鬱星撞擊地球）之時，所表現出的四種拉康意義上的主觀態度。克雷爾的丈夫約翰是大學知識（university knowledge）的象徵，他被實在物碰得粉碎；克雷爾的兒子列奧顯然是其他三人關注或渴望的對象；歇斯底里的克雷爾則是電影中唯一的真正主體（因為主觀性就意味着種種懷疑、質問與矛盾）；與這三者相比，賈斯汀則處於主人的地位：她通過"主能指"（Master-Signifier）的呈現，使混亂與恐慌平息下來，這個主能指給令人困惑的場面帶來了秩序，並賦予其意義的穩定性。賈斯汀的主能指正是她搭出的"魔法洞穴"，當鬱星逼近時，這個洞穴提供了受保護的空間。在此，我們應該澄清的是，賈斯汀並非《一個快樂的傳說》（*Life Is Beautiful*）中編造美好謊言的保護性主導者 —— 換言之，她並不是羅貝托·貝尼尼在《一個快樂的傳説》中飾演的角色。[8] 賈斯汀所提供的只是一種實際上毫無魔力的象徵性虛構，然而這種謊言卻在某個適當的層面上產生了消除恐慌的作用。賈斯汀的目的，並不在於讓我們對臨近的災難視而不見，"魔法洞穴"的意義在於讓我們歡愉地接受末日的到來。這其中並沒有病態的成分；相反，這種接受的態度恰恰構成了具體社會參與的必要背景。[9] 在這個意義上，面對這場災難以及生活象徵性架構的徹底毀滅，賈斯汀是影片中唯一能夠給出適當回應的人物。

為了準確把握對激進結局的接受，我們不妨試着將特里爾的《世紀末婚禮》與特倫斯・馬利克（Terrence Malick）在同一年發行的影片《生命樹》（*The Tree of Life*）作一番比較。兩部影片的劇情都涉及家庭創傷與大規模的毀滅這兩個

---

8 在貝尼尼的電影中，猶太人父親圭多和他的幼子約書亞被納粹關入了奧斯維辛集中營。由於不忍年僅五歲的兒子飽受驚恐，圭多利用自己豐富的想像力哄騙說他們正身處一個遊戲當中，必須接受集中營種種規矩以換取分數贏取最後大獎。最先得到 1000 分的將會有一輛坦克作為獎勵。例如，如果他哭着要見媽媽或者抱怨肚子餓，就會被扣掉分數，而安靜並躲過警衛的孩子則可以獲得獎勵分。想知道這部電影的問題出在哪，不妨可以設想一下這樣一個可能結局：最終，圭多才知道，原來兒子一直就知道自己身處集中營，他只是佯裝相信父親的話，以便讓父親的生活好受一些。

9 不可忽視的是，就我們最內在的基本體驗而言，賈斯汀是正確的：生活正是令人厭惡的東西，它從骯髒的軀殼中爬出來，分泌着溫暖潮濕的黏液，它散發着臭氣爬行並成長着。人類的出生本身就是異形般的事件：它是某個蠕動着的、帶着毛髮的東西從身體內部迸發出來的可怕事件。這些都應該消失不見。精神則在生命之上，它是生命中的死亡，也是一個活着逃離生命的嘗試，就像佛洛伊德那裏作為純粹往復運動的無生命的死亡驅力。

層面。雖然《生命樹》中過度的虛假靈性並不令人欣賞，但這部影片也不乏有趣的環節。[10] 影片以《聖經·約伯記》中的一句話開場，上帝對約伯說："我立大地根基的時候，你在哪裏呢？"（38:4,7）這番話指的顯然是片中的奧布萊恩一家，就像約伯一樣，這個家庭也面臨着一場不公的災難。在《生命樹》的開頭，奧布萊恩夫人從電報中得知 19 歲的兒子 RL 的死訊；她的丈夫奧布萊恩在機場也收到了這個噩耗，隨之整個家庭陷入了混亂。上帝的這番話在怎樣的意義上回答了約伯對自身不幸的疑問？我們又如何理解奧布萊恩一家所遇的厄運？在對該片的一篇影評中，評論家大衛·沃爾普（David Wolpe）指出了上帝回答的模糊性：

> 上帝對自然奇跡的敍述可以有兩種解讀的可能。按第一種解讀，廣闊而又無情的大自然與人類的慾求與想法毫無關係。兇險的沙漠並不在乎旅行者是否禱告，湍急的洪水也絲毫不會有同情心。面對無情的大自然，我們幾乎不值一提。實際上，約伯為自己最初的抗議向上帝認錯，說道："因此我厭惡自己，在塵土和爐灰中懊悔。"……然而，我們也漸漸意識到，大自然的形象（從肉眼看不見的細胞到廣大無垠的宇宙）不僅是宏偉的，

---

10 《生命樹》中一個值得注意的細節是它給戀母的張力開出的藥方：當父親為自己不是一個好爸爸道歉時，兒子回答說："我也好不了多少。"此時父子宣告和解。這正是父母身份的正確表達：我不再試着把父親理想化，而是把他的身份與他無法做個好父親的失敗等同起來。

而且也充滿了美。約伯記中的第二段話語提到了晨星的歌唱，這讓我們想到，欣賞大自然的神奇之美也是可能的。就像面對大自然的無情那樣，大自然的美輪美奐也同樣會讓我們喪失自我。我們眼中的世界究竟是無情的，還是崇高的？我們的生死固然是變幻無常的戲劇，但它所上演的舞台卻是無比的神妙。[11]

1930 年代的挪威神學家彼得·韋瑟爾對《約伯記》作了最為激進的釋讀，他強化了約伯面對向其顯現的上帝時感受到的"無邊困惑"：在聖潔純淨且擁有無上智慧的上帝面前，約伯"發現自己面對的是古怪而原始的世界主宰，就像虛張聲勢、冥頑不化的穴居人……真正令約伯驚奇的，不是上帝的各種可以度量的偉大屬性（這些他早已知道），而恰恰是後者的卑下鄙陋。"[12] 在這個意義上，上帝 —— 真實的上帝 —— 正是那個 das Ding，他是任性、冷酷且毫無普遍正義感的主宰。那麼，這個解讀與《生命樹》有着怎樣的聯繫？

創傷與幻想之間的聯繫，構成了馬利克這部影片的基礎。對於創傷經歷的反應有可能逃逸並形成幻想，換言之，它可以促使我們越過主體的視域去思考世界本身。片中，馬

---

11 摘自 http://www.huffingtonpost.com/rabbi-david-wolpe/tree-of-life_b_868717.html。
12 Peter Wessel Zapffe, *Om det tragiske*, Oslo: De norske bokklubbene, 2004, p.147.

利克向觀眾展現宇宙、銀河系以及太陽系的誕生過程，與此同時，畫外音提出了許多與我們存在相關的問題。畫面中，在新誕生的地球上，火山劇烈噴發，微生物開始出現。隨後是原始的海洋生物、陸生植物與恐龍。然後，一個小行星撞擊了地球⋯⋯影片的邏輯讓我們想起了艾倫・魏斯曼（Alan Weisman）的環境題材著作《沒有我們的世界》（*The World Without Us*），書中向我們展現了當人類忽然從地球表面消失之後，全球的環境將會發生怎樣的改變。在沒有我們的世界中，人類成了地球超然的純粹看客，我們注視着自身不在場時的情形，正如拉康指出的那樣，這構成了幻想中那個基礎性的主觀姿態，即：觀察主體不存在時的世界（這就如同觀察自己思考的過程，觀察父母的戀愛，或者像湯姆・索亞和哈克・費恩那樣觀察自己的葬禮）。在這個意義上，《沒有我們的世界》中的幻想是最為純粹的，它見證了地球回到被閹割之前的純真狀態，那時，自大的人類尚未敗壞這個星球。

《生命樹》的劇情轉變為對沒有我們的世界的宏大幻想，而《世紀末婚禮》則採取了不同的路徑。後者對世界末日的想像，並不是為了從家庭的艱難處境中逃離。賈斯汀事實上就是憂鬱的，她已經失去了幻想的能力。換言之，在其最徹底的意義上，抑鬱症並不意味着哀悼的失敗（亦即對喪失之物揮之不去的依賴）；恰恰相反，"抑鬱症提供了一種意欲哀悼的兩難狀態，這種狀態發生在物件的失去之前，並預示着後者"。[13] 在其中,我們看到了憂鬱者的策略:面對那些我們從未擁有或一開始就已失去的東西,唯一佔有它的方式,就是將那些我們仍然完全擁有的東西看作已經失去之物。正是這種策略,為憂鬱的戀愛關係帶來了獨特的意味。這就如同沃頓的影片《純真年代》(*The Age of Innocence*)中,紐倫與奧蘭思嘉伯爵夫人之間的愛情。儘管這對戀人仍然在一起且彼此相愛,但未來分離的陰影已經開始影響彼此的關係,因此他們眼前的歡愉籠罩在即將到來的災難(亦即分離)的陰影之下。在這個確切的意義上,憂鬱可以說是哲學的開端 —— 也正是因此,《世紀末婚禮》中的賈斯汀恰恰並不是憂鬱的。她的損失是絕對意義上的,這就是世界的終結,而賈斯汀之前所哀悼的也正是這個絕對的損失,可以說,賈斯汀真正地生活在世界的最後時刻。在這場災難還只是或有或無的威脅的時候,賈斯汀只是個悲哀的抑鬱症患者,而當災難真正到來之際,她尋回了真正的自我。

在此,我們抵達了作為重構的事件極限:《世紀末婚禮》中,事件不再僅僅是架構的改變,事實上,人類毀滅這個事件正是敘述架構本身的毀滅 —— 它取消了任何架構的物質基礎。然而,為了使我們與那個調節着我們現實的關係的架構保持距離,這種全面毀滅是不是唯一的方法?由於在精神分

---

13 Giorgio Agamben, *Stanzas*, Minneapolis: University of Minnesota Press, 1993, p.20.

析的意義上，這個架構正是一種幻想，因此問題可以換個説法：我們是否能夠與自身最根本的幻想保持距離？或者用拉康的話説：我們可否穿越幻想？

　　在此，筆者要對幻想這個概念作進一步的澄清。眾所周知，根據精神分析理論，無論我們在做甚麼，心裏都秘密地想着**那件事**。性是隱藏在任何活動背後的共同參照物。不過，真正的佛洛伊德式的問題在於：當在**做那事兒**的時候，我們在想着甚麼？幻想使真實的性事變得悦人，並得以持續。這個邏輯與某些美洲土著部落頗為相似，根據這些部落的説法，所有的夢背後都隱含着性的意味，只有明顯與性相關的夢除外 —— 這些夢的意義恰恰要到別處尋求。可以説，任何與有血有肉的"真實"他者的接觸，以及我們在撫摸另一個人時所感到的性愛之歡，都不是顯而易見的，相反，這些感受在本質上乃是一種創傷 —— 震撼、侵入以及潛在地令人作嘔 —— 對於性愛主體而言，只有當性愛對象進入主體的幻想架構之時，性才變得可以持續。

　　那麼，幻想究竟是甚麼？幻想並不僅僅是以虛幻的方式實現慾望的過程；相反，幻想本身就構成了我們的慾望，它不但為慾望提供了參照座標，而且事實上教導我們進行慾求。簡單地説，幻想並不意味着，當我想要草莓蛋糕卻得不到時，我在幻想吃它的情形；相反，問題恰恰在於，我如何一開始就知道自己對於草莓蛋糕的慾求？而這正是幻想所告訴我的。就像拉康會説的那樣，幻想的作用基於這樣一個事實，即：沒有一個普遍的公式或秘方，能夠保證我與伴侶間和諧的性關係；因此每個主體都不得不發揮自己的幻想，可以説，幻想是維持性關係的"私人"秘方。

這維繫着性關係的幻想，在恩斯特·盧比奇（Ernst Lubitsch）1932年的電影《破碎的搖籃曲》（*Broken Lullaby*）中，以一種怪異的方式體現出來。這部電影最初題為《我殺的那個人》，由於這個名字"會給觀眾帶來關於本片劇情的錯誤印象"，後改名為《第五戒》，再後來才改成現在的名字。影片講述的是法國音樂家保羅·雷納德為自己在第一次世界大戰中殺死的德國士兵瓦爾特·荷爾德林心懷愧疚，根據荷爾德林遺留下的家信，雷納德找到了這個德國士兵的住址，並決定拜訪他一家。一戰剛剛結束，德國仍然彌漫着強烈的反法情緒，瓦爾特的父親一開始拒絕讓保羅進到家中，瓦爾特未婚妻艾爾莎認出了保羅曾在瓦爾特的墓上獻花。保羅對荷爾德林一家隱瞞了真實身份，謊稱自己是瓦爾特在音樂學院時的朋友。儘管鎮上的人對此議論紛紛，荷爾德林一家還是接受了保羅，艾爾莎更是與他墜入了愛河。然而就在艾爾莎把他帶進瓦爾特生前臥室的時候，不堪煩惱的保羅終於忍不住將實情告訴了艾爾莎。艾爾莎讓保羅不要將真相告訴瓦爾特的父母，因為他們似乎已經將保羅視作自己的孩子。為了不讓他們傷心，保羅同意繼續向老夫婦隱瞞真相。在影片結尾，瓦爾特的父親讓保羅看兒子生前用過的小提琴，保羅接過提琴，在艾爾莎鋼琴的伴奏下深情地演奏起來……這部影片受到了影評家鮑林・凱爾（Pauline Kael）的批評，凱爾指出，盧比奇的影片"錯把沉悶煽情的喋喋不休當成了詩意而反諷的悲劇"。[14] 影片呈現出令人不安的場面，有時它看起來像詩一般的音樂劇，有時充滿了帶猥褻意味的幽默。這對情侶（艾爾莎和殺死瓦爾特的兇手保羅）在瓦爾特父母充滿關愛的凝望中幸福地結合了 —— 這種凝視為他們的愛情提供了幻想的架構。

在幻想造就的架構中，我們得以作為一個整體去體驗自身生活的真實一面，而幻想的解體，則帶來災難性的後果。幻想架構時常體現為激烈的性活動中 —— 人物往往突然從充滿激情的行動中抽離出來，以外在的視角審視自身，他（她）開始意識到自己重複着的動作是多麼的無意義。此刻，維繫着強烈歡愉感的幻想架構已支離破碎，於是我們得以直面自身身體那可笑而真實的一面。[15]

---

14 Pauline Kael, *5001 Nights at the Movies*, New York: Macmillan, 1991, p.107.

15 與此相似，卻略為不同的是拉法埃爾・斯伯尼（Raphael Siboni）的帶有拉康式標題的紀錄片《並不存在性關係》(*Il n'y a pas de rapport sexuel*，2012)。這部影片遠不僅僅是一部"硬派色情電影"，它是在一個很近的距離拍攝色情電影的攝製過程。換言之，通過後退一步並揭示出色情電影的架構（框架）——也就是那個我們觀察畫面的窗口，這影片得以徹底地把整個場景"去色情化"(desexualize) 了，它向我們呈現的只是蒼白的往復運動，其間充滿了佯裝的高潮以及在後台為了勃起而自慰的場面等等。

可以説，精神分析並非要讓幻想架構解體，相反，該過程的目的在於切斷（traversing）我們的幻想。雖然通過精神分析，我們似乎可以從各種稀奇古怪的幻想中解脱出來，但在拉康看來，對幻想的切斷並不意味着從幻想中抽身而出，它是要撼動幻想的根基，使我們接受它的矛盾性。然而，當沉浸到幻想之中，我們往往對那個維繫着與現實之間聯繫的幻想架構視而不見。因此在一個自相矛盾的意義上，"切斷幻想"也就是對幻想的解釋，它意味着我們自身與幻想的完全同一，用理查德·布斯比的話説：

　　　　因此"切斷幻想"並非指主體以某種方式放棄任意隨想的活動，從而回到更加實際的"真實狀態"；恰恰相反，在切斷幻想的過程中，主體因某種象徵性的缺乏的影響而揭示出真實日常生活的界限。在拉康的意義上，對幻想的切斷恰恰使我們比以往更加受幻想的支配，因為在這個過程中，我們與幻想的真正內核產生了超越想像的更加緊密的聯繫。[16]

　　因切斷想像而導致對想像的過分認同，這個悖論該如何解讀？我們不妨在此看看另兩部影片：尼爾·喬丹（Neil Jordan）的《哭泣遊戲》（*The Crying Game*，1992）和大衛·

---

16 Richard Boothby, *Freud as Philosopher*, New York: Routledge, 2001, pp.275-276.

克倫伯格（David Cronenberg）的《蝴蝶君》（*M.Butterfly*，1993）。儘管兩部影片的角色迥異，其中的男主角都愛上了誤以為是女性的男子（《哭泣遊戲》裏的異裝癖、《蝴蝶君》裏的京劇演員），兩部片子的核心場景都刻畫了男主角發現自己愛人的真實性別之後的震驚與傷痛。當然，有人或許會反對說：《蝴蝶君》裏男性對女性的那種悲喜交加且令人困惑的幻想，不正是男女之間的真摯情感嗎？這部電影裏的情感都是在男性之間發生的，這令人難以置信的離奇劇情背後所掩蓋的，難道不是對於異裝癖男子的同性之愛嗎？在這個意義上，《蝴蝶君》是不誠實的，它拒絕承認這個顯而易見的事實。然而，這種解讀無法解釋《蝴蝶君》（包括《哭泣遊戲》）裏的那個真正謎題，即：男主角與他男扮女裝的伴侶之間毫無希望的愛情，如何能比異性之間的愛慕更加本真？換言之，《哭泣遊戲》中，發現情人身體的真相為甚麼會造成如此巨大的傷痛？這不是因為男主角遭遇到了某種外來之物，而是因為他在此直面那維繫着自身愛慾的幻想的中心。影片中對女性的"異性"之愛實際上是同性間的戀情，而維持這種愛意的，則是把女性幻想成異裝的男子。在此，我們可以看到，切斷幻想恰恰意味着不去看穿幻想背後的真實，而是要直面幻想本身。一旦做到這點，幻想便無法支配我們——因為就像不可告人的齷齪秘密一樣，幻想只能在我們的經驗的透明背景之上起作用。

這將我們帶回到海德格爾那裏。當海德格爾提及"技術的本質"時，他似乎指的是一種基礎性的幻想架構，這種架構在透明的背景上建構出我們與現實的關聯。海德格爾將這"技術的本質"稱為 *Gestell*，這個德文詞的本意就是"建構"（enframing）。在其最為徹底的意義上，所謂"技術"，指的並非機器以及關於機器的活動所構成的複雜網路，相反，它意味着當我們介入到這些活動中時所預設的態度。西方形而上學在最終環節上的技術悖論就在於，這種建構模式已經令架構本身面臨危險：在這過程中，人類不再是真正意義上的人類，他們被還原為技術操縱的對象，從而失去了向現實世界神馳敞開（ecstatically open to reality）的特性。雖然如此，這種危險也隱含着救贖的可能，因為一旦意識到並假定這樣一個事實，即：究其本質，技術本身無非是一種建構模式；我們便能夠達成對它的克服 —— 這正是海德格爾用以切斷幻想的方法。

　　沿着這個思路，我們又來到海德格爾那裏的事件（Ereignis）概念。在海德格爾看來，事件與現實中的變動過程毫不相干。它指的是存在自身劃時代的彰顯，是新"世界"（亦即一切實體在其中呈現的意義視域）的湧現。正因如此，災難總是發生在行動 / 事實（〔f〕act）之前。災難不是人性的自我毀滅，而是人與自然的一種關係，這種關係將人性的毀滅轉變為科技的剝削；災難也不等同於生態的毀滅，相反，它意味着我們在喪失根與家園的同時，也獲得了無情地盤剝地球的可能。災難並非指我們被還原到由生物遺傳學所支配的自動機，而恰恰是使這種前景成為可能的途徑。而人類的全面自我毀滅，乃是將自然視作技術剝削對象的集合這種觀念的可能後果。這又把我們帶到本書的下一站，我們的話題也將從作為建構的事件（亦即我們看待現實的方式的轉變），轉到作為現實自身劇烈變化的事件上來。

第二站：幸福之過

　　在被公認為柏拉圖最傑出的對話的《巴門尼德篇》中，巴門尼德的一個問題曾難住了蘇格拉底，並迫使他承認自身的有限，這個問題就是：像糞便、塵土那樣卑賤的東西是否也有理型？"說頭髮、泥土、污垢這樣一些微不足道的、卑賤的事物也有理型可能會被認為是荒謬的。"（130c）這個問題背後不但隱藏着令人尷尬的事實，即：像理型這樣高貴的概念也適用於糞便這樣卑賤的事物；而且還預示着一個更為嚴重的悖論。在《政治家篇》中（262a-263a），柏拉圖也涉及這個悖論，他認為：（屬與種之間的）劃分應該在適當的連接處作出。例如，將所有人類劃分成希臘人與野蠻人是錯誤的，因為"野蠻人"並不是被正面界定的群體（種類），這個概念無非指：所有那些不是希臘人的人。因此，"野蠻人"這個字眼似是而非的正面界定，掩蓋了這樣一個事實，即：它只是個用來容納非"希臘人"的容器。倘若把這種方式用於所有屬到種的劃分，情況會怎樣？如果為了能把每一個屬都完整地劃分成若干種類，我們將這些負面界定的虛假種類作為其中"不成為其部分"的一部分，結果又會如何？也就是說，如果把所有那些屬於一個屬，卻不屬於該屬中的任何一個種類的東西都歸為一類，又會怎樣？如果這聽上去還是太抽象，讓我們不妨回想一下科學史上的例子：從假想的燃素（phlogiston，即在掌握能量傳遞規律之前，科學家想出的虛假概念）到馬克思那裏的"亞細亞生產方式"——這個概念同樣構成了一種負面容器，它指的無非是所有那些不合乎馬克思理論給出的生產方式標準範疇的東西。換言之，馬克思首先給出了以歐洲為參照的生產方式演進路線，即：前階級社會、古代奴隸社會、封建社會、資本主義社會到最終的共產主義社會；後來他意識到像古代中國、古埃及以及印加帝國等許多傳統社會形態並不適合這個模型，因而將後面這些社會形態統統歸於"亞細亞生產方式"——這個概念貌似合理，但實際上只是用於容納所有不合乎理論的東西的空洞容器。

這些破壞了合理的屬種劃分的新增概念，與本書關於事件的討論之間有怎樣的聯繫？更具體地說，這與作為 culpa（罪過）與"墮落"的事件有着怎樣的聯繫？我想其中大有關係。從原則上說，我們可以在理性結構及其不完美的具體實現之間作出區分，前者以非時間的方式將整體劃分成種類與亞種，後者則是該結構偶然和暫時性的物質實現。兩者都可能出現冗餘的情況：一方面，如同結構中留出的空插槽那樣，有許多並未實現的形式可能性（例如，有時雖然從理論上說，有四種可能被建造的住宅，但實際上只建了三者）；另一方面，我們也會遇到許多無法用分類法進行劃分的經驗之物。然而，這種悖論式的負面概念容器與上述兩種狀況都不相同。它雖然呈現於分類結構之內，但作為結構的要素之一，它又在某種程度上逸出了這個結構，也就是說，負面概念容器將構成從歷史偶然性（contingency）向形式結構轉化的標記點——在這個節點上，形式結構落入了自身的內容之中，從而成為偶然性的事實。形式結構自身沒有時間維度，而偶然事實的層面則是事件性的，換言之，後者屬於那個變動不居、朝生暮死的偶然事件之域。可以說，在負面概念容器這個節點上，事件完成了對形式結構的干預（或銘刻）。這種冗餘且過度的要素，往往通過共相與殊相之間的失衡狀態體現出來，讓我們來看看一個著名的例子——齊克果在1843 年對人類作出的劃分：

> 有妙論稱人類可分成三類：官員、婢女和掃煙囪者。竊為此說法不但機妙，還大有深意。要給出比這更好的分類，恐怕非得有極大的天才不可。倘一種分類不曾理想地窮盡其對象，我便更加青睞蕪雜的分類，因為它帶動了想像。[1]

1　Søren Kierkegaard, *Fear and Trembling / Repetition*, Princeton: Princeton University Press, 1983, p.162. 在此感謝 Mladen Dolar 向我提醒了對齊克果、海涅與馬克思的參考。

的確，"掃煙囪者"這個奇特的要素為前兩項帶上了特殊的色彩（它突顯了前兩者在具體歷史整體中"真正所指的"）；然而，我們不應在常識意義上解讀"掃煙囪者"。記得（和齊克果同時代的）海因里希·海涅曾說過這樣的名言：最重要的三樣東西就是"自由、平等以及蟹肉湯"，在這句話中，"蟹肉湯"指的是生活中所有精緻的樂趣，一旦失去這些小確幸，我們就會變得與恐怖分子無異——我們會淪為抽象觀念的信徒，並會絲毫不顧具體情境地要將這些觀念付諸現實。但要注意的是，海涅在此的用法，並不是齊克果那段話的含義——後者想說的恰恰相反。在海涅那裏，純粹的原則本身已經被蟹肉湯的特殊性染上了色彩，也就是說，在海涅的話中，特殊性恰恰是原則的純粹性的維持者。

因此，那個多餘的要素成為一對和諧的相反相成的兩類要素（例如陰與陽）的補充。類似的例子還有：資本家、工人以及猶太人；上層階級、下層階級以及烏合之眾等。[2]（在官員、女僕和掃煙囪者這個三分法中，掃煙囪者可以視作佛洛伊德意義上的"愛的干擾者"〔Liebesstoerer〕，亦即打斷了情侶間性行為的闖入者。事實上，我們可以想像這樣一齣無比猥褻的場景：就在官員和女僕親熱行房之際，掃煙囪者

---

2 對這個問題，史太林的立場是模糊的。我們可以認為，史太林的大清洗是為了消滅所有打擾了社會主義和諧的掃煙囪者——但史太林自己不正是一個掃煙囪者嗎？

闖入提供了某種遲來的避孕服務，用清理煙囪的刷子清潔着她的“通道”……）[3]

這意味着，普遍物對於其具體實現之間的冗餘，往往指向的是某個怪異而多餘的個別要素。這讓人想起 G.K. 切斯特頓要給“我的那些人類讀者”而作的著名評論，或者是某次一個著名足球明星在一場重要比賽之後，坦言説“我要感謝我的父母，尤其是我的父親和母親”——除了父親和母親之外，難道還有第三個人能算得上是父母嗎？沃爾特‧本雅明在其早期那篇隱晦的雜文〈論人的語言以及語言本身〉中，[4]也觸及類似的論題。他所指的並不是語言本身能夠被劃分成許多種類，如人的語言、動物的語言或遺傳物質的語言等等。相反，在本雅明看來，世上只有一種真正的語言，那就是人的語言。在此，語言的普遍性（其“本身”）與其具體實現（亦即那些真正被人所説的語言）之間的張力，被銘刻到人的語言之中，從而將後者從內部撕裂。換言之，即便世上只有一種語言，我們仍然必須在普遍意義的語言（語言本身）及其具體呈現（人類的語言）之間作出區分——語言可以視作一個只含有單一種類的屬，這個種就是作為現實的個

3　我們不應忘記，女僕與掃煙囪者也可以組成一對。這讓我想起那個掃煙囪者勾引女僕的古老傳説。

4　Walter Benjamin, 'On Language as Such and on the Language of Man' (1916), in *One-Way Street and Other Writings*, London: New Left Books, 1979, pp.107-23.

別物的它本身。這又把我們帶回到"墮落"的概念中來："人的語言"意味着具有神性的"語言本身"的墮落，它因世間的嫉妒、爭權與淫亂而污損。不難理解，這個墮落的過程是事件性的，因為在該過程中，有着互古不變結構的神性語言被嵌入到了變動不居的人類歷史洪流之中。

這番思考讓我們進入了神學的領域，更確切地說，我們進入了作為神學論題的"墮落"概念。丹麥神學家與哲學家索倫·齊克果曾明確指出，基督教是第一個也是唯一一個關於事件的宗教，因為在基督教中，通達絕對物（神）的唯一途徑，便是去接受那個獨一無二的道成肉身的事件，並將其視作一個歷史事實。這也正是齊克果將基督與蘇格拉底對立起來的原因。蘇格拉底代表着回憶，他意在重新發現那些早已蘊於我們靈魂之中的更高實在（亦即理念）；與此相反，基督的"福音"則宣告着與過去的徹底決裂。在此，事件以"基督升天"的神跡，亦即一種打破事物慣常節奏的方式呈現。不過，我們不應把基督的復活視作他死後發生的某個具體之事，相反，這個事件是死亡本身的對立面，在其中，基督作為聖靈而永生，並成為信徒共同體之間的愛的紐帶。[5]

5　2012 年的大片《狂·神·魔戰》（*The Wrath of the Titans*）中，有段有意思的台詞：神聲稱人類是不死的，因為他們死後，仍然活着（以不死的靈魂或延續的傳統等形式），而神才是有死的，因為當神死後，他們就真正地消失了，不會留下任何東西。在此，海德格爾意義上的死與不死被顛倒過來：不死的凡人與有死的諸神。

簡言之，"基督升天"實際上意味着"基督的墮落"。在許多其他宗教中，人類從神那裏墮落，而只有在基督教裏，神自身墮入凡間。神如何墮落？其墮落之前又位於何處？對此唯一可能的答案便是：神從自身那裏墮入了其創造的萬物之中。[6]

　　用帶有神秘主義的說法，基督升天的事件構成了"回歸純真"的反面。這個事件恰恰反映了原罪本身——我們一開始就病態地選擇了對某個對象的無條件依戀（這就像和一個人墜入愛河，從而他（她）變得比一切都重要）。這個抉擇之所以是病態的，乃是因為它失去了平衡，這種依戀摧毀了先前冷漠中立的狀態，並帶來了分歧與痛苦。在佛教的觀點看來，基督升天的事件是"正覺"和涅槃的對立面，它預示着虛偽與痛苦將出現在世界上。因此，與其說在基督的"道成肉身"事件中，時間性的尋常實在物接觸到了永恆，毋寧反過來說：在此刻，永恆之物得以進入了時間。切斯特頓清楚地看到了這一點，他在反駁當時流行的"佛教與基督教的精神同一性"觀點時，曾這樣說道：

　　愛渴望人格；因此愛也渴望分歧⋯⋯對神粉碎萬

6　因此基督教要求我們把"國王的兩個身體"這個說法顛倒過來：上帝自己就有兩個身體，但在耶穌被釘十字架時，凡俗的身體死去，崇高的身體則升到了聖靈之中；死在十字架上的是基督的崇高的身體。

物的感恩是基督教的本能⋯⋯這也構成了佛教與基督教之間的理智鴻溝；在佛教徒或神智論者（Theosophist）看來，人格的形成意味着人的墮落；對基督徒而言，這恰恰是神創世的意義所在。神智論那裏的世界靈魂要求人的愛，但這只是為了讓後者投入到這靈魂中去。與此相反，為了獲得人類的愛，基督教神性的核心恰恰把人類從自身拋離⋯⋯所有的現代哲學都如同糾纏束縛的鏈條；而基督教則像一柄劈開這些束縛的利劍。除此之外，沒有任何其他哲學能夠欣然接受把宇宙分裂散佈到無數活着的靈魂中去。[7]

墮落的優先性也帶來不可預料的嚴峻後果——倘若墮落是善的前提條件，亦即"幸福之過"（felix culpa），那麼墮落事件的行為主體（那個引誘亞當進入原罪的夏娃）便是原初的道德主體。儘管基督教傳統中不乏厭女情節，但細看之下，這方面的表述往往是模棱兩可的。早期基督教思想家，神父德爾圖良（Tertullian，約 160—約 225）有強烈的厭女情節，曾這樣對女信眾們佈道：

你們難道不知你們每個人都是夏娃嗎？神對於你們性別的懲罰此刻仍然有效，你們的罪過也必定仍然存

7　G.K.Chesterton, *Orthodoxy*, San Francisco: Ignatius Press, 1995, p.139.

在。你們是魔鬼的大門，是（禁）樹的解封者，你們最早拋棄了神聖律法，並勸誘信仰堅定的男人，讓魔鬼有機可乘。你們如此輕易地損毀了神的形象——亞當。正是因你們所應得的懲罰（亦即死亡），讓神之子也不得不死。[8]

　　顯然，上文的最後一句是模棱兩可的。類似的模糊性也出現在 2006 年秋，謝赫・塔吉・希拉利（Sheikh Taj el-Din al-Hilali）的一番備受指責的講話中。謝赫・希拉利是澳洲級別最高的穆斯林神職人員，當時一夥穆斯林因輪姦而入獄，希拉利對此評論說：“如果你把鮮肉暴露在街上……就一定會被野貓偷去……這是誰的錯？是貓的錯還是那塊肉的錯？顯然，把鮮肉暴露在街上是有問題的。”把沒有戴面紗的婦女比作暴露的鮮肉是令人驚愕的，這個讓媒體譁然的比喻掩蓋了另一個更令人吃驚的觀點：按謝赫・希拉利的說法，倘若女性要為男性的性犯罪負責，那麼男性在異性的挑逗面前就是全然無法抗拒的；這豈不意味着，他們已完全淪為性慾的奴隸，就像貓無法抵禦鮮肉的誘惑那樣？換言之，這難道不意味着，那些兇殘的強姦犯的行為就彷彿仍在伊甸園中那樣，已經超越了善惡的評價？同樣的，在墮落的事件中，夏娃難道不是神的唯一真正的伴侶嗎？那個行動（亦即

8　*De cultu feminarum*, section I.I, part 2; 引自 www.tertullian.org/anf/anf04/anf04-06.htm# P265_52058。

那個災難性的決定）是屬於夏娃的，是她開啟了通往知羞恥和分善惡的人世之路（這正是墮落的後果）。要想把握這種真實境況，我們只需看看黑格爾的說辭，他認為："伊甸園"的純真只是動物式生活的另一種說法，而《聖經》裏所謂的"墮落"，則是從動物式生活向真正的人的生存的轉變。因此在某種意義上，正是墮落本身創造了墮落之前的那個維度——或者，就如同聖奧古斯丁早已指出的那樣（《論信望愛》ⅩⅩⅩⅦ）："神更青睞因惡生善，而非無惡無善。"

但我們在此需極為小心，以免陷入對墮落的"變態"解讀之中。之所以說這解讀是"變態"的，是因為按照這種理解，一個人幹壞事的目的，恰恰是為了自己能夠用向善的努力克服這種惡。帕特里夏·海史密斯（Patricia Highsmith）的短篇小說《女英雄》（Heroine）中描寫的那個家庭女教師，為了證明自己對家庭的眷顧，不惜縱火燒毀房屋，然後奮不顧身地從大火中救出孩子。這種"變態"解讀的最極端例子，恐怕要屬笛卡兒主義的天主教神學家尼古拉·馬勒伯朗士（Nicolas Malebranche，1638—1715）了，由於馬勒伯朗士的極端正統派思想，他死後被逐出教會，其著作也遭禁毀。馬勒伯朗士的基督教神學的基礎，圍繞着回答"神為甚麼創造這個世界？"這個問題展開。在馬勒伯朗士看來，神之所以這麼做，只是為了讓自己獲得被造物的崇敬。神渴求被承認，而為了獲得承認，神就需要另外的主體，正是出於這種自我虛榮心，神才創造了這個世界。

因此，基督降臨世間不是為了為人贖回亞當的原罪；恰恰相反，為了基督能夠降臨人間，亞當必須從伊甸園墮落。在此，馬勒伯朗士似乎洞察了神的"心理"：那為了他人贖罪而犧牲自我的聖子，暗地裏卻希望他人遭受苦難，因為只有如此，他才能拯救他們——這就像一個與又窮又跛的妻子相依為命的丈夫，一旦妻子恢復了健康並成為成功的職業女性，這位丈夫反倒很可能會拋棄她。我們似乎更滿足於為可憐的人犧牲自我，而非讓他們脫離受害者的地位並超越自己……根據馬勒伯朗士的結論（這個結論觸怒了當時的耶穌會，並導致馬勒伯朗士死後被逐出教會），神根本愛的只是自己，人類無非是神用於彰顯自身榮耀的工具。我們不能認為，倘若基督不降臨世間，就會是所有人的不幸；恰恰相反，如果沒有基督，就沒有人會遭到不幸。這意味着，為了基督能夠降臨並拯救一部分人類，所有人都必須先行墮落。馬勒伯朗士的這個結論令人不寒而慄：由於基督之死是實現創世目的的關鍵一步，因此當神（聖父）看到聖子在十字架上死去之時，神是無比喜悅的。

　　真正避免這種"變態"解讀的唯一途徑，就在於全然接受這樣的觀點，即：墮落實際上意味着創造救贖條件的起點。也就是説，並沒有所謂的墮落之前的狀態，墮落本身恰恰造就了我們所從中墮落之處。這種立場開啟了為惡辯護的空間，倘若我們知曉罪惡是通往善的道路上不可逾越的歧途，那麼我們顯然有理由把惡行視作通往善的途徑。

然而，任何所謂歷史理性的神聖計劃都不足以為惡行辯護；即便惡行中能夠產生善，那也不過是前者偶然的副產物。我們固然可以主張：納粹德國覆滅的最終結果是全世界道德、人權以及國家間公義水準的大幅提高；但如果認為這個結果能夠在任何意義上為納粹開脫罪名，則顯然是荒謬可恥的。只有通過這種方式，我們才能真正避免宗教原教旨主義的荒謬邏輯。在基督教思想家裏，G.K. 切斯特頓是少數不憚於澄清這個悖論的人，他曾在討論古典世界與基督教的分裂問題時談到了這點：

　　　　希臘人是古典異教的偉大嚮導和先鋒，他們思想的出發點是如此顯著而直接，他們堅信，倘若人能沿着理智與本性的大路一直前行，他將不會遭受到損害……但希臘人自身的獨特境遇，恰恰印證了這個錯誤觀念所導致的古怪而致命的後果。因為一旦開始遵從他們自身所謂的自然之路，希臘人便作出了史上最怪癖的一些事情……世上最睿智的人要遵循本性行事，然而他們做的第一件事便是世上最不自然之事。崇敬太陽與人性的理智的希臘人，竟立刻像染上了瘟疫一樣沾染了變態行為。甚至最偉大、最純粹的哲人也無法避免這種癲狂。為甚麼會如此？當人試圖直行的時候，他往往走了彎路；當他緊盯着自己的鼻子時，他往往會讓鼻子折掉，甚至將其割下；這種狀況的原因關係到人性的最深處，它遠遠超出了追隨本性的人們的理解力。而皈依基督信仰，正意味着對人性深處的發現。人性中固執的偏見就如同草地滾球裏的配重（bias on a bowl）；通過基督信仰，我們能發現這個糾正球中的配重並用它擊中目標的方法。許多人也許會對此一笑了之，但福音所傳達的，正是我們的原罪。[9]

希臘人之所以在道德上迷失，恰是因為他們相信人類具有自發而基礎的正直品質，從而忽視了人性深處趨向惡的要素。遵循本性無法給我們帶來真正的善，恰恰相反，只有在我們與這種本性的抗爭之中，真正的善才能顯現。[10] 同樣的主題也出現在瓦格納的歌劇《帕西法爾》中 —— 歌劇最後的"創傷，只有造成它的矛才能治癒"（Die Wunde schliesst der Speer nur, der sie schlug）。類似的想法，以相反的方式出現在黑格爾的著作中。在黑格爾看來，作為積極動力的精神始終在毀壞（否定）和改變着一切迂緩庸惰的現實，精神自身治癒着它摧毀了的東西。換言之，精神最基本的屬性就在於它造成了自然的"創傷"。人類主體性的精神意味着分疏與"抽象"的權力，它將現實中的有機整體分解成貌似獨立的部分。在這個意義上，精神是對自然直接性與有機統一性的超越，也是對這種直接性的深化（"調和"），在這過

9　G. K. Chesterton, *Saint Francis of Assisi*, New York: Empire Books, 2012, pp.11-12.

10　謝林表達了相同的觀點，他強調了在古羅馬，基督教興起之前正是腐敗與頹廢的時代。

程中，精神退離自身並從中再次生發，完成其自我異化。可以説，精神的回歸自身恰恰造就了它所來之處。

這與《聖經》所説的豈不是毫無二致？在《聖經》裏，蛇向亞當和夏娃承諾，只要吃了知識之果，他們就能變得像神一樣；當他們這樣做之後，神説："那人已經與我們相似。"（《創世紀》3:22）黑格爾曾對此評論道："可見蛇並未説謊，因為神的話證實了牠的承諾。"在黑格爾看來，主觀性的知識不僅僅是選擇善與惡的可能性，"使人變惡的，恰恰是這樣的想法與認識，這些想法與認識本身便是惡的，因此它們是惡的源頭，本不應該存在。"[11] 更明確地説，惡正是窺見周遭之惡的那個眼神本身，那個窺見惡的眼神將自身排除在其批判的社會整體之外，這種排除本身恰恰就是惡的形式特徵。黑格爾在此的意思是説，作為可能性與義務的善，只有通過原初的選擇之惡才能呈現出來，只有在選擇了惡並意識到自身全然匱乏的狀況之時，我們才能體驗到真正的善。在其反思邏輯更加概念的層面上，黑格爾用了 absoluter Gegenstoss（絕對反作用，字面意即反沖、反推）這個獨特的字眼來指稱這種"造就了從所退離之處的退離過程"（withdrawal from which creates that from which it withdraws），黑格爾指出："只有通過拋棄才能尋得……反

---

11 G.W.F. Hegel, *Vorlesungen über die Philosophie der Religion II*, Frankfurt: Suhrkamp Verlag, 1969, p.205.

思環節應當被視作對其自身的絕對反作用。"[12] 因此,"只有通過回歸過程本身",我們所從中退離之處才得以呈現 ── 在其形成並被感知的地方,此前並沒有它的蛛絲馬跡。

我們在此討論的並不是抽象的理論,而是具體的歷史經驗。在一些印度文化理論家看來,他們被迫使用英語寫作這個事實就構成了某種形式的文化殖民主義,這種文化殖民主義審查着他們的真正身份:"我們不得不使用一種強加給我們的外來語表達我們最核心的身份,這難道不是把我們置於一種被徹底異化的位置嗎?就連我們對殖民主義的抗議也必須用殖民者的語言來表達。"對於這個詰問,回答固然是肯定的,但英語(一門外來語)的強制推行,也恰恰造就了那些它所壓制的東西,也就是説,被殖民主義壓制的東西實際上並不是關於前殖民時期的印度的追憶 ── 那個印度已經一去不復返了,而是對於一個擁有普適民主制的新印度的憧憬。(同樣,馬爾科姆·X 將 "X" 這個字母作為自己的姓氏也表達了類似的觀念。他鬥爭的目標並不是為了回到最初的非洲祖先那裏,黑人非洲的根因奴隸制而永遠地喪失了,他只為了 X 而鬥爭,這個未知數象徵着因奴隸制的歷史而開啟的全新身份。)當然,這個例子絕不是説,印度在被殖民之前一無所有 ── 前殖民的印度有着豐富的傳統;不過,那些逝去

---

12 *Hegel's Science of Logic*, Atlantic Highlands: Humanities Press, 1969, p.402.

的傳統是個性質多樣的複雜混合體，它們顯然並不是後來的民族主義者想像中要回歸的地方。類似的狀況，在幾乎所有"回歸本源"的訴求中都曾出現。十九世紀以來，中歐與東歐湧現出了一系列新興的民族國家，它們回歸"古老民族起源"的訴求本身恰恰創造了這些民族的起源，從而形成了馬克思主義歷史學家霍布斯鮑姆那裏所謂的"被發明的傳統"。

有一則關於耶穌基督的低俗笑話：就在耶穌被釘十字架的前夜，他的門徒憂心忡忡。因為耶穌還是個處男，他們打算在耶穌死之前，讓他體驗一下性愛。於是眾門徒讓抹大拉的瑪利亞走到耶穌的帳篷裏引誘他，瑪利亞很樂意地進去了。但不到五分鐘，瑪利亞卻一臉驚恐和憤怒，尖叫着跑出了帳篷。眾人忙上前問她出了甚麼事，瑪利亞説："我脱下衣服湊近耶穌，在他面前張開雙腿，耶穌看到我的私處，驚歎道：'多麼可怕的傷口！我要讓它癒合！'然後他把手放在那裏……"這個笑話告訴我們，要當心那些過分熱衷於治癒他人創傷的人。如果採用同樣的方式，那麼殖民主義創傷的治癒（也就是完全回到前殖民時代）就會是一場災難。倘若今日的印度人發現自己忽然回到了前殖民時代的生活，他們無疑會發出和瑪利亞一樣驚恐的尖叫。

讓我們試着給出本書這一站的事件定義：終極的事件正是墮落本身，亦即失去那個從未存在過的原初和諧與統一狀態的過程，可以説，這是一場回溯（retroactive）的幻象。

不過令人驚訝的是，關於墮落的話題也在宗教領域之外產生了影響，例如，在當今科學最前沿領域的量子宇宙學中，也能看到關於墮落的討論的意義所在。當代量子宇宙學所要探究的問題是：為何有物存在，而非空無一物？科學對這個問題給出了兩個模型：大爆炸模型與對稱性破缺模型。大爆炸理論是當前學界佔據主流的宇宙起源理論，根據這個理論，我們的宇宙源於奇點（singularity）在數十億年間的擴張。所謂奇點，指的是時空中的點或區域，在其中物質因重力的作用而趨向無窮緻密，在奇點上，所有的物理定律都失去了作用，重力場的強度趨向無窮大，所有基於物理定律的計算都變得毫無意義，整個系統的運動也無法預測。由於奇點的關鍵特徵就在於定律的失效，因此我們也可以把這個概念用於其他語境中，例如，雷·庫茨懷爾就給出了"技術奇點"（technological singularity）的定義：

　　它指的是在未來的某個時期，技術進步的速度變得如此之快，其影響是如此深刻，以至人類生活發生不可逆轉的改變。儘管那個時代未必會變成烏托邦或反烏托邦式的社會，但它將改變那些賦予我們生活意義的重要概念，從商業模式到我們的生老病死，概莫能外。[13]

13　Ray Kurzweil, *The Singularity Is Near*, New York: Penguin Books, 2006, p.9.

出於可以理解的原因，天主教會將大爆炸理論視作神存在的佐證。物理定律在奇點上的失效意味着大爆炸這個事件是非自然的，它表明了一種超自然力量的直接干預，因此，奇點成了創世時刻的科學名字（天主教徒往往聲稱："大爆炸理論之父"就是比利時神父喬治・勒梅特，他於 1933 年提出了該理論的雛形）。根據坊間傳言，教宗若望・保祿二世在接見理論物理學家史蒂芬・霍金時，曾對霍金説："天文物理學家先生，我們都同意，大爆炸之後發生的事是您的研究領域，而那之前的則是我們的領域……"雖然這番話可能並不真實，但它的確道出了這背後的道理。

而對稱性破缺理論似乎更有哲學上的意味，該理論通過對"空無"的重新定義，回答了"為何總有物存在，而非空無一物"這個問題。根據該理論，真空狀態並不是絕對的空無，其中既有往來的電磁波，也有稍縱即逝的粒子。當這些無限小的能量震盪作用於處在臨界狀態的系統中，它們能夠決定系統在出現分岔時選擇哪一個分岔；在一個沒有觀察到這種震盪（或者説"噪聲"）的外在觀察者看來，系統對分岔的選擇是隨機的。這個過程被稱為"對稱性破缺"（symmetry breaking），因為在該過程中，系統從　種同質的無序狀態轉變為兩個確定狀態中的一個。打個著名的比方：假設一個恰好平衡在對稱形山丘頂部的球體，只要這個球的位置出現任何極微小的擾動都會破壞這個平衡，並使球滾下山坡，在這種情況下，最初完美的對稱性坍塌為一個非對稱狀態。只是問題的關鍵在於，這種坍塌是絕對偶然，它並非由於某個我們無法察覺的具體原因所引發。相反，這種震盪發生在那些並未完全存在的（亦即前存在論的）潛在實體層面，在某種意義上，這些實體甚至比真空還要虛無。對稱性破缺理論在思辨上的洞見就在於，它將虛無（空無、真空）等同於擁有無窮多樣的可能性。在這些晦暗神秘的空間裏，物理定律始終是失效的。這究竟如何可能呢？不妨想像一下：你要購買某一天的機票，以便在第二天去領一大筆錢，但你手頭的錢不夠買機票；好在你發現，航空公司的支付系統允許在到達目的地後的 24 小時內支付，這樣一來，沒有人會注意到你在登機時並沒有付票款。與此類似：

> 一個粒子具有的能量會在極短的時間裏發生劇烈的震盪。就像航空公司允許你在短時間內延遲支付票款一樣，量子力學原理允許某個粒子"借貸"一部分能量——只要這個粒子能夠在特定的時間償還這部分能量即可，而這段時間的長短則是由海森堡不確定性原理決定的……關於量子力學，讓我們接着前面的比喻：想像某個借貸成性的人挨家挨戶找朋友借錢，並在每次借到錢之後都能在短時間內如數償還。類似地，在微觀的宇宙中也時刻不停地發生着能量與動量在短時間內來回轉換。[14]

---

14 Brian Greene, *The Elegant Universe*, New York: Norton, 1999, pp.116-19.

這也正是虛空能產生粒子的原因，粒子從未來的狀態中"借出"一部分能量，並以自身湮滅的方式加以償還，這一切的發生時間是如此短暫，以至無法在系統層面覺察。這樣一來，在特定的借出—湮滅的節奏下，粒子間彼此借用能量，相互傳遞債務並延遲償還的期限，這就像亞粒子領域中的華爾街金融遊戲。對稱性破缺理論假定，在事物直接和現實的存在，與這種現實性在某種媒介中被"登記"之間，存在着極短的時間間隔。這個時間間隔的最顯著例子，便是人的死亡。人在現實中的死亡是一回事，而某個人的死亡被管理部門登記在案則完全是另一回事。有時，管理部門會錯誤地將活着的人登記為亡故，以至某個可憐的公民不得不向政府證明自己還活着。在法國，人們甚至可以辦理一份叫"生存證書"的文件，以表明自己在法律意義上是活着的。

　　先於現實的潛在存在與完全的存在之間的界限，有着獨特的神學內涵。量子力學的不確定性迫使我們假定存在一個全能但不全知的神，祂能夠通過觀察來創造萬物，"神可以通過觀察讓較大物體的波函數坍塌成現實狀態，但量子實驗表明，神並不觀察小物體。"[15] 潛在粒子在存在論上的欺騙性（例如，電子可以違背能量守恆定律而創造出光子，並在系統"覺察"到之前再將這個光子重新吸收回去）可以視作對

15　Brian Greene, *The Elegant Universe*, New York: Norton, 1999, pp.171.

作為萬物終極觀察者的神自身的欺騙。這意味着，就連神本身也無法控制量子層面的過程。在這個意義上，量子物理包含着無神論的教誨。愛因斯坦認為"上帝不欺騙"，這句話固然沒錯，但他忘了上帝是可以被欺騙的。微觀世界的許多過程（量子震盪）是無法被系統登記在案的。

大爆炸與對稱性破缺這兩個事件之間，在根本意義上是不對稱的。大爆炸是被無限壓縮的奇點發生的爆炸，而對稱性破缺則是由無限可能性向確定的現實性的坍塌過程。這兩個事件在許多方面是針鋒相對的：廣義相對論與量子宇宙學，唯心主義與唯物主義等等。但兩者有着一個相同的基本教誨，那就是徹底的不平衡狀態：終極意義上的事件就是墮落本身，也就是説，只有當平衡被打破，系統出現異常之時，事物才會出現。

這個教誨似乎是佛家思想的反面，在佛家看來，對世俗物件的過分依戀正是痛苦與惡的源頭，因此佛教勸人們要從這種依戀中退離，並採取超然的生活態度，認為這樣才是脱離苦難輪迴的不二法門。事情真的如此簡單嗎？日本佛教作家坂口安吾（1906—1955）曾激烈地批評佛家這種退離現實生活的出世態度，他主張"過一種服從正常慾求的生活"。然而，就在他離開佛教世界的那一刻，坂口安吾"才成為一個真正的佛教徒。儘管他從未寫過讚許佛教的文字，事實上，他尤其強烈地反對一切矯揉造作的禪宗式頓悟；但不無悖論的是，安吾對佛教的批評本身正體現了佛家的真諦。"[16]

　　"墮落性"是坂口安吾思想的核心概念 —— 他鼓勵讀者繼續他們的墮落過程。然而，墮落 —— daraku ——"並不意味着通常意義上的'腐朽'。在安吾看來，墮落性指的是身處一種暴露並向他者開放的狀態。"[17] 簡言之，真實性本身也意味着一種墮落。我們之所以留下了虛假的自我，並不是因為我們與現實保持着距離，而恰恰是因為我們毫無保留地全然"墮入"了其中，並把我們自身丟給了它。只要我們繼續將現實視作某種位於"在此的我"之外的，"在那兒"的東西，那麼自我的幻覺便會揮之不去。或許，這種救贖式的墮落概念正是佛教最寶貴的秘密。關於事件，佛教是怎麼看的？這方面的討論，將把我們帶到旅程的下一站 —— 作為頓悟時刻的事件。在那些事件中，人們得以從虛幻的塵網中解脫出來，進入空寂的涅槃。

16　Kojin Karatani, *History and Repetition*, New York: Columbia University Press, 2011, pp.196-97.

17　Kojin Karatani, *History and Repetition*, New York: Columbia University Press, 2011, p.197.

第三站：自然化的佛教

　　事件是何時發生的？1654 年，詹姆斯・烏舍爾（James Ussher）在倫敦出版了他的重要著作《新舊約年鑒》的第二卷。作為當時愛爾蘭的新教主教（天主教在愛爾蘭佔主導地位），烏舍爾要在書中表明，基於理性的研究要比"教皇黨們"的迷信話語強得多，於是他考證了數千份材料，試圖科學地推證出神創造世界的確切日期。根據烏舍爾的結論，神創造世界的時刻是公元前 4004 年 10 月 23 日的傍晚。（讓人不解的是，為甚麼神要在傍晚創造世界？為甚麼不是清晨？比如，為甚麼不在享用一頓英式早餐之後再開始工作呢？）[1] 烏舍爾的考證使其帶上了傳奇色彩，他所開創的獨特的英式傳統，甚至體現在弗吉尼亞・伍爾芙（Virginia Woolf）1924 年

1　我們不應把烏舍爾的著作視作可笑的無稽之談，因為直到數年前，大多數旅館中的吉迪恩《聖經》都帶有創世編年史。

的小説《貝內特先生和布朗太太》裏。在其中，伍爾芙説：
"大約在 1910 年 4 月，人性發生了改變。"我們大體同意伍
爾芙的看法，只是應該為這個事件換個新的日期。人性的改
變實際上將發生在這樣的時代，在其中：

> 以複製為代表的生物遺傳技術的發展改變了人性，
> 從而使人的繁殖條件徹底地與兩性交媾分離開來，普遍
> 優生，繁殖人造人甚至混種怪物都變為可能，這最終將
> 打破物種間的界限。隨着生物實體界限的改變，像生
> 命、死亡、親子關係、肉體身份以及兩性差異等等，這
> 些以往最牢固的象徵制約因素，都將變得岌岌可危。從
> 原則上説，複製技術可以讓我們不再需要異性伴侶，它
> 甚至可以使我們青春永駐。這些技術所帶來的歷史性變
> 革，其徹底性，將不亞於核武器可能造成的人類物種之
> 消亡。[2]

當前，把人等同於其自身的大腦（或者其自身的 DNA）
的神經學論述，已經貫穿我們生活的方方面面，從法律、政
治、文學，再到醫學與物理學各領域。[3] 作為這場神經學革
命的一部分，軍事部門也在神經科學領域投入了巨資，其中

2　François Balmès, *Structure, logique, aliénation*, Toulouse: Érès, 2011, p.16.

3　在此我依據的是 Ahmed El Hady, "Neurotechnology, Social Control and Revolution"，
　　網址：http://bigthink.com/hybrid-reality/neurotechnology-social-control-and-revolution。

最著名的，當屬美國的 DARPA（國防部先進研究計劃局）。
DARPA 的研究主要集中在三個領域：敘述分析、增強認知
（例如旨在提高士兵認知能力的“鐵人”項目等）以及自主機
器人（旨在用機器人替代大部分軍隊，因為機器人更易於控
制，這樣做不但能節省一大筆軍事人員開支，而且有利於減
少戰時傷亡）。自主機器人士兵也可以用於阻止抗議示威與
鎮壓公民集會。以批判精神著稱的科學家阿米德・艾爾・哈
迪（Ahmed El Hady）為我們明確指出了這些趨勢可能導致
的後果：

> 在“教育性的神經科學”架構以及全球範圍推廣“專
> 家文化”的共同作用下，人被轉化為被灌輸了零碎知識
> 的“空洞”個體，他們只能解決局部領域的專門問題，
> 而不具備任何集體和全球的視野。

> 另一種可能情形，則是當局利用人腦控制能力
> （brain control modalities）來迅速扼殺革命和起義的萌芽。
> 人腦控制能力的範圍，不但包括控制大腦敘述與自主機
> 器人士兵，還包括能夠改變個人心理狀態的嗜神經藥
> 物、能控制甚至停止大腦運作的神經毒素，以及能夠在
> 腦中散佈病原體，使其不能正常工作的神經微生物中
> 介。[4]

4　摘自 Ahmed El Hady, op.cit。

相當一部分人容易受到恐怖分子"敘事"的影響（口頭故事、講話、宣傳與書籍等），而 DARPA 相信，通過把這些"敘事"替換成另一個版本，便可以保護美國公民免遭（外來）惡勢力的侵害。簡單地說，DARPA 試圖用故事重塑人的大腦。這是如何做到的？DARPA 革命性地將敘事影響研究擴展到了神經生物學領域。於是標準的敘事分析法發生了全面的轉向，分析的目標不再是要通過恰當的修辭及論證（甚至包括洗腦手段）去說服潛在的恐怖分子，而是要通過直接干預他們的大腦使其改變想法。這意味着，意識形態的鬥爭將不再以宣傳與論辯的形式展開，而是通過神經生物學的手段（亦即通過控制大腦中的神經活動過程）來達成。然而，問題在於：誰有資格來決定哪些敘事是危險的，從而需要加以神經改造呢？

　　2011 年，DARPA 資助的項目因一則頭條報道而受到關注，這則題為《癱瘓病人靠思想移動機械臂》的報道這樣寫道："蒂姆·海姆斯用思想讓一旁的機械手觸到了女友凱蒂·謝弗伸出的手。海姆斯先生的這個不起眼的動作，也意味着向許多殘疾人伸出了援助之手。"[5] 這個"奇跡"得益於皮質電描記法（electrocorticography，ECoG）的進步，這種技術允許我們通過手術將電子網格植入大腦（卻並不穿

5　http://www.post-gazette.com/pg/11283/1181062-53.stm.

透它），從而能在不影響大腦運作的同時捕捉其中的神經信號。借助電腦演算法，ECoG 獲取的一系列大腦信號被解譯，並與機械臂的控制裝置相連，這樣一來，機械臂就能隨人的意志而運動。該項目團隊的下一個目標，就是要使這項技術無線化，並在義肢裏加上傳感器，以便向使用者的大腦發送信號，模擬真實肢體的感受。我們不難察覺這個事實背後的可笑之處。在此，技術諾斯替教者（Tech-gnostics）向我們許諾説：通過把我們的大腦連接到機器上，我們將進入後人類（post-human）時代，並回到墮落之前的天使般的狀態。在那個時代，人類將不再需要性愛，我們的心智將能夠彼此直接交流，與此同時，人的身體則會被還原為由複製技術生產出來的外在工具。然而即便如此，對海姆斯先生而言，科學被用於讓男人與作為其性物件的女人相互觸碰，根據《聖經》，這類行為正是導致人墮落的原因。於是問題來了：這種神經生物學意義上的直接干預，對我們的性生活將有怎樣的影響？

1925 年末，安德烈・普拉托諾夫（Andrei Platonov）—— 他與貝克特和卡夫卡一起被稱為二十世紀的三大絕對作家 —— 寫了一篇題為《反性》（Anti Sexus）的奇文。[6] 在其

6　這篇文章寫於 1925 年末，但直到數十年後才得以公開出版。僅有德文譯本。按照習慣，我們應該加上這樣一個軼事：2012 年 8 月，俄羅斯杜馬議員弗拉基米爾・普拉托諾夫由於鼓吹禁止在公立學校進行性教育和宣傳而被稱為 "反性者"，從安德烈到弗拉基米爾，這幾乎是俄羅斯公共生活衰落最簡明的證據。

中，作家將自己以宣傳冊子翻譯者的形象出現，這些冊子是西方大企業為了打入蘇聯市場而印製的。介紹了翻譯者後，公司的領導開始介紹產品，接著則是全世界許多著名公眾人物對該產品的好評（從墨索里尼到甘地，從亨利·福特到差利·卓別靈，從 J.M. 凱恩斯到馬歇爾·興登堡）——這個產品就是一種大規模生產的自慰器，它能迅速給人帶來強烈的性高潮。通過這種方式，人類得以從錯綜複雜的性愛中解脫出來。性的需求從此失去了不可控的特性，它不再需要消耗時間與能量的引誘過程，相反，每個人都可以便捷而有計劃地獲得性慾的滿足。儘管《反性》有着顯著的諷刺意味，但我們卻難以確定文中諷刺的對象究竟是甚麼。文中卓別靈評論道，這個產品剝奪了人與人肉體接觸時強烈而深刻的精神紐帶，而那才是真正性愛的特徵。這是文中唯一一段對產品的負面評論，一般認為，卓別靈的話代表了作者普拉托諾夫自己的想法。但事實果真如此嗎？

《反性》一文的重要性在於，它以充滿悖論的方式將三種相互獨立甚至矛盾的傾向結合在了一起。第一個傾向是性與墮落的等同，這個觀念源於諾斯替教的二元論傳統。諾斯替主義聲稱擁有一種能夠直接照入現實的精神洞察力，現實由兩對相反的元素構成，它們是善與惡，光明與黑暗。能夠繁衍生育的物質世界在本質上是惡的，創造物質世界的不是神本身，而是較低一級的創世主德穆革（Demiurge）——俄國的斯科奇教派（Skopcy）給普拉托諾夫留下深刻的印象，這個教派中的男性成員都自願閹割自己；第二個傾向是全面規劃甚至完全取消性愛的生物技術前景；第三個則是資本主義消費主義對性愛的商品化。現代生物技術為實現諾斯替教消除性愛理想提供了新的途徑，然而，它用以取消性愛的設備則是一套來自資本主義的徹頭徹尾的商品。

從今天看來，普拉托諾夫想像的那台機器，與這個由力比多（Libido）驅動的經濟此後的轉變高度吻合，在該過程中，個人與他人的關係逐步被個人對（拉康所謂的）"les lathouses"的魅惑所取代，後者是消費主義的對象—物件，它因承諾帶來過量的愉悅而吸引着力比多，然而它真正帶來的只是自身的匱乏。（塑膠性愛玩具所帶來的快樂總是讓我們渴望更多的快樂 —— 我們愈用得多，就愈是想再用。）

面對新技術的發明對力比多—主體帶來的衝擊，精神分析則認為，"作為一種催化劑，技術把原先就已存在的東西增強和放大了。"[7] 在這種狀況下，它造就了一種幻想的潛在事實。這使整個局面發生了全盤改變：一旦這種幻想得以實現，也就是說，一旦被幻想的對象直接出現在現實中，現實就變得與此前不再相同。實際上，我們今天市場上有一種產品，就與普拉托諾夫筆下的自慰器頗為相似，那就是被

7　Mladen Dolar, "Telephone and Psychoanalysis," *Filozofski vestnik*, No. 1, 2008, p.12（斯洛維尼亞語）.

稱為"耐力訓練單元"的自慰裝置，這個裝置有手電筒般的外形（意味着可以隨身攜帶，我們似乎絲毫不會對此感到尷尬），使用者把勃起的陰莖放進設備的開口，讓設備上下運動來產生快感。這個產品有不同的顏色與鬆緊度可供選擇，甚至能夠模擬口交、陰道性交與肛交的感覺。可以説，消費者購買的只是部分的商品（如同身體的性敏感部位），除此之外沒有任何附帶的令人尷尬的負擔。雖然女性自慰震動棒的出現已有很長時間，但"耐力訓練單元"的出現為男性提供了相對應的產品。

面對這個打破了社會生活與內在的自我認識之前提的勇敢新世界，我們該如何與之相處？誠然，一勞永逸的解決方法，就是把女用自慰震動棒塞進"耐力訓練單元"裏，打開開關，讓這對"理想伴侶"盡情享受它們的美好時光，與此同時，我們人類則成為這齣機器情色片的冷漠看客。這個情形，又把我們帶回到佛教那裏：倘若我們在達到了佛教的正覺（即那個全然從內在超離物質世界的狀態）之後仍有性行為，這種性經驗難道不正是與這種機器情色片的冷漠看客如出一轍嗎？決定我們這個時代面貌的有兩個特點：一是資本全球化的擴張及其高速的自我再生產；另一個就是科學的關鍵作用。我們在佛教教義中，可以找到對這兩個方面最有力的回應：面對資本主義全球化與科學的世界觀，佛教給出了與其相抗衡的主體立場。

初看之下，佛教似乎是針對資本主義所帶來的強烈張力的良藥，它往往能解開我們的心結，使我們達成內心的平靜與所謂的 Gelassenheit（放任自適）；但事實上，佛教恰恰構成了資本主義在意識形態上最完美的補充。説到這，我們不妨談談 "未來衝擊"（future shock）的話題。所謂 "未來衝擊"，指的是在科學技術令人目眩的高速發展及其帶來的社會變革面前，人的心理產生難以適應的狀況。事物的變化是如此之快，還不等我們開始適應一個發明，這個發明本身又很快被更新的成果所取代，長此以往，我們將愈來愈缺乏能夠把握這些技術發展的 "認知地圖"。與絕望地回歸傳統相比，道教與佛教的理論資源更有助於擺脱這種困境。按照佛教與道教的主張，我們不應試圖讓自己適應日益加速的技術與社會變革，相反，我們應當放棄這種試圖掌控一切的努力，因為那無非是現代控制邏輯的體現。我們要做的，是 "放開自我" 隨遇而安，並與所有這些瘋狂地不斷加速的進步保持超然的內心距離。這樣的內心距離則以此種洞見為基礎，即：究其本質，所有那些社會與技術的喧囂都只是徒有其表的增長與擴散，它們與我們人生最核心的那些部分毫不相關。在此，筆者幾乎忍不住想引用馬克思主義者那句著名的陳詞濫調：宗教是 "人民的精神鴉片"。可以説，"西方佛教徒" 所宣導的禪思之路，恰恰提供了一個既能全面參與瞬息萬變的資本主義社會，又能保持心智健全的最有效途徑。（倘若社會學家馬克斯・韋伯能有幸活到今天，他很可能會為其成名作《新教倫理與資本主義精神》寫一部續集，名字可以叫《道教倫理與全球資本主義精神》。）

　　當代腦科學那些令人擔憂的研究成果，不也反映了同樣的趨勢嗎？面對着該領域提出的問題，佛教提供了唯一合理的答案。腦科學告訴我們，作為自由主體的自我概念僅僅是我們的幻覺，自我本不存在，真正有的只是客觀意義上的神經活動。問題的關鍵在於：我們如何將這個觀點與作為人的自身關聯起來？我們是否可能不僅在理論上設想一個沒有自我的世界，而且生活在這樣一個世界之中？“不作為任何人”的生活究竟是怎樣的？對此，哲學家給出了與科學家截然不同的回答。在哲學家中，佔據主導地位的態度是接受那個介於科學的自我概念與日常意義上作為自主主體的自我經驗之間的鴻溝。科學固然告訴我們所謂的自我與自由意志並不存在，有的只是“客觀”的神經與生物活動，但我們自身體驗到的將始終是那個“自己”—— 在同樣的意義上，儘管我們知道地球繞着太陽運轉，但並不妨礙我們說太陽東升西落。

　　有些哲學家（例如尤爾根・哈貝馬斯）認為，作為自由和有責任的行動者的自我感知，並不僅僅是個必要的幻覺，事實上，它是科學知識得以可能的先驗條件。此前，十一位傑出的德國神經科學家曾共同作出聯合宣言，聲稱：我們日常意義上的自由意志即將被神經生物學的最新進展所顛覆，“可以預見，在不久的將來，我們的自我形象將岌岌可危"。[8]哈貝馬斯的立場正是對這個宣言的回應,在哈貝馬斯看來,科學把人作為研究對象,"是以對制度化的主體間語言實踐活動的參與為前提的,這種實踐活動中的規範性價值,恰恰構成了科學家認知活動的條件。"[9]簡單地說,我們不應忘記這個事實,即:科學之所以能夠將人視作神經生物學機器,恰恰是作為自由和理性行動者的人所從事的集體性科學實踐的結果。

最後,一部分腦科學家(以帕特里西亞與保羅‧丘奇蘭為代表)認為,我們日常生活中作為自由自主的行為者的自我認識並非與生俱來,這種觀念實際上來自傳統知識養成的後天習慣。因此,我們可以設想和尋求一種合乎人的科學形象的全新日常自我認識。以這種科學形象為前提,能夠去除日常生活中的一些(關於自由與責任的)幻覺,與此同時,它也將減少我們的社會實踐中的懲罰與壓迫。然而,這個想法問題在於其潛在的幼稚性。主張這個觀點的科學家其實已在某種程度上假定了(能夠自由決定改變自身"本性"的)自主主體的存在。這又將我們帶回到開始的那個問題:人是否

8　C. E. Elger, A. D. Friederici, C. Koch, H. Luhmann, C. von der Malsburg, R. Menzel, H. Monyer, F. Rösler, G. Roth, H. Scheich and W. Singer, "Das Manifest: Elfführende Neurowissenschaftler über Gegenwart und Zukunft der Hirnforschung," *Gehirn und Geist*, Vol. 6, 2004, p.37.

9　Jürgen Habermas, "The language game of responsible agency and the problem of free will: how can epistemic dualism be reconciled with ontological monism?", *Philosophical Explorations*, Vol. 10, No. 1, March 2007, p.31.

能接受自我並不存在這個事實，並以自身心智狀態的方式直接體驗這個事實？當代德國哲學家和腦科學家托馬斯·梅辛格（Thomas Metzinger）對這個問題給出了肯定的回答。[10]

梅辛格也認為，我們無法不以"自我"的方式感受自身。我們（在純粹認識論和客觀知識的意義上）認識到存在一個實體性的自我，但只有一種例外情況，那就是佛教的正覺。在正覺中，自我（在其最內在的自我體驗的意義上）直接假定了其自身的非存在，換言之，自我在正覺中將自身視作"模仿的自己"，亦即表徵性虛構的產物。獲得正覺的意識不再是自我意識：我不再將自身感受為自己思想的行動者；相反，"我"的意識乃是對一個無我系統（self-less system）的意識，是無我之知（self-less knowledge）。簡言之，激進的腦科學與佛教的無我狀態（an-atman）之間，有着緊密的聯繫。可以説，佛教對科學的認知主義進行了主體性的事件化，當我們全盤接受了腦科學的研究成果之時，我們便也獲得了正覺與涅槃，兩者是同一個事件，在這事件中，我們得以擺脱作為自主行動者的自我意識的束縛。但這種解脱是否有效呢？

佛教關注的是如何消解痛苦，因此它的首要公理便是：

---

10 Thomas Metzinger, *Being No One: The Self-Model Theory of Subjectivity*, Cambridge, Mass.: MIT Press, 2003.

我們都是不願受苦的。[11]（在佛洛伊德主義者看來，這個觀點顯然是有問題和不自明的——非但性受虐狂不會同意這個說法，而且它也無法解釋激情的依戀關係。例如，我們會為了某種政治理念而不惜赴湯蹈火；而當沉浸在充滿激情的戀愛中的時候，即便我知道這場愛情會導致災難性的後果並會帶來個人的痛苦，我也時刻願意為了滿足激情而這麼做。甚至在我為了這場愛情而痛苦之際，當被問及"這樣做是否值得？"我還是會毫不猶豫地給出肯定的回答："是的！其中每一秒時光都值得這樣做。而且，如果再給我一次機會，我還會這麼做！"）痛苦的源頭就是我們對於事物那永不熄滅的慾望，這種慾望並不因得到所欲之物而止息。佛家修行的目標是擺脫痛苦（達成正覺和醒悟），佛教徒所做的一切無不以達成正覺為最終目的。佛家修行首先要做的，是培養能夠達成正覺的道德；然而，道德僅僅是通向正覺之路的第一步。和任何旅途一樣，只有從一開始就提出並恪守道德要求，我們才能最終脫離痛苦。然而適當的舉止本身不足以達到目標，它還需輔以適當的覺悟。

---

11 這種實用主義路徑的一個顯著標誌，便是沉思在佛教中的作用。在西方，沉思被視作佛教的一種核心活動（是達成"內在平靜"的放鬆技巧），因此成為佛教徒意味着對沉思的修行；而在東方，佛教事實上是一種生活方式，只有一小部分佛教徒進行沉思的修行，大部分只是（佯裝）遵從佛家的教條。完全參與沉思活動的僧侶，成了一種"被認為沉思的主體"，（對普通人而言）他們是使正覺成為可能的保證。

佛家的修行以分析（並且改變）我們的行為舉止開始。佛教中並沒有能夠從外部命令和審判我們行為的更高掌權者（例如眾神）：我們行為通過其在整體語境中的契合程度，及其是否加強或減少（我們自身或其他感覺的生物的）痛苦而創造其自身的內在標準。這正是佛教裏"因果報應"（karma）的含義。我們的行動絕不是孤立的，它們的痕跡 —— 無論是善舉、惡行還是漠然之舉 —— 在行為結束之後還將產生持久的影響。在此，問題進入了日常道德的範疇：佛家修行的第一步，是訓練如何識別並漸漸擯棄那些不利健康的行為（持戒），這類行為發生在身體、語言和思想三個層面。身體的戒律有三種（殺生、偷竊、淫邪），屬於言語的有四種戒（妄語、兩舌、惡語、綺語），思想的戒律也是三種（貪婪、惱怒、邪見）。當我們逐漸消除這些戒行，並能避免極端，遵從"中庸之道"而行，我們就能趨向正覺，在其中，我們能夠真正做到無慾無求，從痛苦（dukkha）與無盡的輪迴轉世中解脫出來。那麼，當我們達成了涅槃（亦即佛教意義上的"主體性空乏"）之後，此前的業報將何處去呢？我們的行為會留下善的痕跡嗎？對此，佛教給出的答案是否定的。在涅槃中，我們的行為將不會留下痕跡，因為我們已經脫離了慾望的輪迴。然而，這裏的一個問題在於：倘若中等程度的善行（亦即佛教修行者最初持守的基本道德要求）就足以讓我們擺脫對事物過多的依賴，那麼在達成涅槃之後，鑒於行為已經脫離了因果報應，我們是否能以超然的方式從事極為殘忍的惡性？這種能力難道不正是成佛的標誌嗎？事實上，這個問題不僅關乎抽象思辨，更是歷史事實：自古以來，無論是西藏、日本或是泰國，都曾出現過佛教戰士，他們達成正覺後的超脫態度，使其成為冷酷的殺戮機器。[12]

為了強調這點，我們可以看看佛家修行道路上的一個關鍵環節，即完成從對象到思想者自身的反思性轉變。首先，我們將那些打擾我們並造成痛苦的事物隔離開來；而後，我們開始改變自身與這些（在我們看來的）痛苦之因的關係，"隨着關於自我的虛假觀念被摒棄，此前迷惑我們的幻覺如今被一一洞察。整個過程中，唯一被改變的只是觀察者的視角。"[13] 這個轉變過程是極為痛苦的，它不僅意味着擺脫束縛，進入佛洛伊德所謂"海洋神漾"（oceanic feeling）一般的亂倫式狂喜，而同時也是失去立足之地，被剝奪了自身存在最熟悉要素的慘烈經歷。正因為此，通往正覺的修行總是以一種最基本的"無辜受害者"的感受開始，其間修行者往往無緣無故遭受不公正的痛苦（這是自戀的受虐狂喜歡的話題）："他們怎麼能對我做這樣的事？我不該被這樣對待。"[14] 接下來的一步，則是要轉換到作為痛苦情感的主體的自我本身，使主體自身那稍縱即逝的零散狀態變得清晰顯著 —— 在此，針對導致痛苦的事物的進攻反而轉向了自我。我們並不

12 Michael Jerryson and Mark Jürgensmeyer, *Buddhist Warfare*, Oxford: Oxford University Press, 2010.

13 Mark Epstein, *Thoughts Without a Thinker*, New York: Basic Books, 1996, p.83.

14 Ibid., p.211.

修復損失，相反，我們看透了這些損害——以及我們要修復的東西——背後的虛幻本質。

不過，也正是在此，我們看到了佛教教誨從根本上的一種模棱兩可的特徵：涅槃（佛教禪思的目標）僅僅意味着主體看待現實的立場轉變嗎？抑或它的目標就是要促成現實本身的根本性轉變，使得其中的痛苦消失不見，好讓所有的生靈不再遭受痛苦？換句話説，達成涅槃的努力，難道不正是在兩個截然相反的極端之間陷入了窘境嗎？前一種做得太多，後一種則做得太少。一方面，現實一如既往，沒有任何改變，它貌似實在，其實只是虛幻的現象洪流，對我們空靈的存在毫無任何影響。另一方面，將轉變現實本身又是涅槃的目標，只有如此，現實中的痛苦才會消弭，所有的生靈也都能進入涅槃。

那個關鍵問題，也以不同的形式在此呈現：(1)當達成正覺並解放了自身之後，我們是否就此停止修行？或者，出於對受苦之人的愛，我們是否應該回到塵世幫助他們達成涅槃？(2)我們是否可能克服正覺與道德行為之間的鴻溝，換言之"我們如何能從形而上學的無我之見中產生出道德意義上對（同樣是無我的）他者的同情、愛與善意？[15] 反過來説，

15 Owen Flanagan, *The Boddhisattva's Brain: Buddhism Naturalized*, Cambridge, Mass.: MIT Press, 2011, p.160.

我們是否可能從無我中得到相反的結論，即：我們只要完全生活在當下，盡可能追求更多的快樂，而不去理會他者的苦難？（3）倘若幸福的內在屬性毫無差別，那麼我們又如何區分因努力工作、訓練和沉思而達成的幸福，與因藥物（或虛假的信仰和其他化學手段）而達成的幸福呢？換言之，"不配擁有"的幸福是否仍然是幸福？（此外，一旦我們知道幸福能夠經由化學手段達成，這是否意味着我們不得不承認：所有的幸福 —— 包括我們沉思時所感受到的快樂 —— 都是以化學反應過程為基礎的？）這樣看來，是否可以認為：無論是否值得擁有，幸福之間本無實質差別，它們無非是化學反應過程而已。換言之，倘若我們可以經由化學手段達成佛教的正覺（例如"覺悟丸"），那麼正覺還能算是個真正的屬靈事件嗎？

佛教中的這些理論難題表明：要想取消作為有責任的自由行為者意義上的主體性，即使不是完全不可能的，也是極為困難的。無論是把自身視作神經生物學中全然對象性的實體，還是對命運毫無保留地全盤接受，這樣的說法都難免有虛假的成分。這種虛偽性，在詩人泰德·休斯（Ted Hughes）對希爾維亞·普拉斯（Sylvia Plath）的背叛中表現得尤為明顯。若要在現代文學的敘事中找出一個道德淪喪的範例，那顯然非泰德·休斯莫屬。休斯與普拉斯愛情中的第三者是阿西亞·薇維爾，一個從大屠殺倖存下來的黑髮猶太美女，休斯為了這個情人而離開了希爾維亞。這看上去就像為了閣樓上的瘋女人而拋棄了妻子。而薇維爾又是怎麼發瘋的？1969 年，她用與希爾維亞相同的方式（使用煤氣爐）自殺，連帶殺死了自己和休斯生下的幼女舒拉。薇維爾為甚麼要這樣做？是甚麼驅使着她離奇地模仿希爾維亞的自殺方式？這是泰德 ── 而非希爾維亞 ── 在道德上的背叛。泰德那充滿虛偽神話色彩的生日賀信，在此變成了一篇道德上令人作嘔的文字，他把這悲劇歸咎於貫穿我們生活的命運黑暗力量，他指責阿西亞是個陰暗的勾引者："你是黑暗的力，是摧毀希爾維亞生活毀滅性力量。"[16]

這不由讓我想起奧斯卡‧王爾德在《貴在真誠》(The Importance of Being Earnest) 裏的那句話："失去雙親中的一個是一場不幸，但失去兩個則像是粗心大意的結果。"這是否也適用於泰德‧休斯？"一個妻子的自殺身亡或許是一場不幸；兩個妻子都自殺而亡則是粗心大意的結果……"休斯的説法，就仿似法國書寫體小説《危險關係》中凡爾蒙的那句話 "ce n'est pas ma faute"（這不是我的錯）擴寫了的變體：這不是我的錯，而是命運使然 ── 正如休斯堅稱的那樣，責任是 "只有律師和衛道士才用得上的偽裝。"[17] 休斯在信中所有那些關於女神、命運與星相等滔滔不絕的説辭，在道德上是一文不值的，他將在神話學上的造詣用於指責他

16 Elaine Feinstein, *Ted Hughes*, London: Weidenfeld & Nicolson, 2001, p.166.
17 Feinstein, op.cit., p.234.

人並給自己推卸責任。可以說，在生活道德實踐的層面，任何試圖把自己視作不自由的機器從而逃避責任的想法，都將無一幸免地落入自由的雙重困境。誠然，我們是被詛咒的，命運主宰着一切，任何操縱者自身同時也是被操縱者，在這個意義上，可以說，任何能夠決定自身命運的自由行動者都是被幻象所蒙蔽的。但是，在強大的力量面前毫無保留地接受自身無助的困境，這也同樣是一種幻象，這意味着對承擔責任的逃避態度。

我們固然無法逃避命運的捉弄，但我們也同樣無法以命運為藉口逃避應承擔的責任。這不正是精神分析成為我們自身困境寫照的原因嗎？的確，我們失去了中心並被命運的蛛網纏繞，無意識的機制支配着我們的一切；的確，我往往是被言說的對象而非言說的主體，因為無意識的他者始終在通過我有所言說。然而，僅僅（在逃避責任的意義上）認定這些事實，也同樣是一種虛偽的自欺。精神分析要比傳統道德更能讓我們承擔責任，因為它使我要對那些甚至超出了自己（有意識的）掌控範圍的東西負責。

這意味着，（作為自由自主之行動者的）主體性維度是不可還原的，我們無法摒棄它，事實上，它將打敗任何試圖擺脫它的努力。現代科學的自然主義與佛教彼此互補：儘管冷冰冰的科學理性與佛教屬靈的倫理看上去是如此截然不同，但在對（作為自由且承擔責任的）自我的排斥這點上，二者結成了同盟。然而，這兩種立場自身理路上的困難表明，它們各自所代表的那些事件——無論是科學中對人腦的徹底自然化，還是佛教中的正覺和達成涅槃——最終是失敗的。在此，真正的事件恰恰是主體性這個事件本身（儘管它在某種程度上是虛幻的）。我們的下一站將談談西方哲學，正是在關於主體性的問題上，西方哲學達到了其發展的巔峰；在那裏，我們試圖證明，主體性的地位本身何以成為一個事件。

第四站：哲學三事件

在西方形而上學的歷史上，有（且僅有）三位至關重要的哲學家，他們是：柏拉圖、笛卡兒以及黑格爾。他們每一個都造就了與過去的決裂；他們的出現，使得哲學領域的一切都與此前大不相同。柏拉圖擺脫了前蘇格拉底時期宇宙論的窠臼，轉而尋求宇宙的內在和諧，並引入了形而上學的理念論；笛卡兒離開中世紀充滿意義而等級森嚴的世界圖景，首次提出了現代哲學的兩個基本要素──其一是無限的概念以及那個不再富有意義的機制性物質世界，另一個則是作為我們知識之終極基礎的主體性原則（＂我思故我在＂）；黑格爾則打破了傳統理念論與唯物論的形而上學，開啟了激進歷史性的時代，在其中，所有實體形式、社會結構及其原則都被視作歷史偶然性過程的產物。

這三大思想家中的每一位，都以獨特的否定性的方式為後世的學者留下了長長的陰影。米歇爾・福柯（1926—1984）曾説，西方哲學的整個歷史可以看做是一部反駁柏拉圖的歷史：即便到了今天，無論是馬克思主義者還是反共產主義的自由派，無論是存在主義者還是分析哲學的經驗論者，無論是海德格爾派還是活力論者……可以説，反柏拉圖主義是所有這些人的共同特點。笛卡兒的情況也是一樣：如今，無論是環境主義者、女性主義者，還是認知科學家、海德格爾派（再次出現）、實用主義者以及哲學中"語言轉向"的支持者，他們無不在批判笛卡兒的思想……黑格爾亦是如此，他是過去兩個世紀的哲學標靶，不但為馬克思主義者與自由主義者所反對，更成為宗教道德家、解構主義者與英美經驗論者等批判的對象。

柏拉圖、笛卡兒與黑格爾的獨特地位，最終難道不是證明了這樣一個事實嗎？也就是説：我們面對三位哲人，實際上面對的是三個哲學事件，在其中，某種尚未被普遍接受的新事物以創傷性的方式侵入了這個領域。進一步説，這三位哲人不但代表着哲學中的三大事件，而且他們每位都象徵着一個瘋狂時刻：有柏拉圖被理念迷住的瘋狂（就像墮入愛河，或者像蘇格拉底被他的神靈魅惑）；有笛卡兒心中"我思"的瘋狂（如同神話中"世界的暗夜"，是從外部現實向主體性的深淵的退離）；還有黑格爾絕對觀念的瘋狂，在其中，觀念的自我實現，成為現實中萬物的根源。在這個意義上，可以認為，柏拉圖、笛卡兒與黑格爾之後的哲學，都在分別試圖遏制或控制這三位哲人過度的瘋狂，試圖重新使之成為規範，並將其重新銘刻到尋常事物之域。

然而，筆者要談論這三位思想家的主要原因尚不在此。他們不但各自代表着一個思想事件，而且他們自身就是事件的哲學家，換言之，事件恰恰構成了他們各自思想的焦點。無論是柏拉圖與理念令人震撼的相遇，還是笛卡兒"我思"從存在巨鏈的裂縫中的驟然浮現，抑或黑格爾那包羅萬有的絕對自我在其自身活動中的自我實現。

轉乘站 4.1 —— 真理令人痛苦

按照教科書裏的柏拉圖理論，永恆不變的理念秩序是唯一真正的實在，而遷流不居的物質世界只是理念暗淡的影子。在這一觀點看來，事件無疑屬於我們這個變動的物質世界；它們當然與永恆的理念無關 —— 因為那裏沒有任何事情發生。然而，這是對柏拉圖思想的唯一解讀嗎？我們還記得柏拉圖如何描述蘇格拉底把握到某個理念的那一刻：蘇格拉底就像得了歇斯底里的癲癇，他彷彿僵住了一般，數小時站着一動不動，忘掉了周圍發生的一切。柏拉圖在此描述的，不正是一個典型的事件嗎？在其中，與他者驟然的創傷性遭遇，在超出感官的維度上給人的一生帶來振聾發聵的影響。對柏拉圖而言，這種遭遇最原初和最基本的形式正是愛的體驗，無怪乎在對話《斐德若》（*Phaedrus*）中，柏拉圖把愛比作癲狂與着魔的狀態 —— 這難道不正是我們墜入愛河時的感受嗎？在這個意義上，愛難道不是一種永久的例外狀態嗎？在愛中，日常生活的所有平衡都被打破，我們做的一切都沾染上了關於"那"的想法 —— 或者，正如著名的系列奇幻繪本小說《睡魔》（*Sandman*）的作者尼爾・蓋曼（Neil Gaiman）寫道的那樣：

> 你是否曾經愛過？糟透了，不是嗎？它使你如此脆弱不堪。它楔入你的胸腔，打開你的心，然後某個人可以進到裏面，把你弄得一團糟。於是你建起了所有的防禦工事，穿上了整套鎧甲，以至不會有人能傷到你，直到……某個與其他愚蠢的人沒甚麼不同的愚蠢的人闖進了你愚蠢的生活……你把自己的一部分給了他們，他們卻沒要求你這麼做。某一天，他們做了些傻事 —— 吻了你或者朝你微笑，於是你的生活變得不再是你自己的。你成了愛的人質，愛進入了你的身體，它在內部吞噬你，任憑你在黑暗裏哭泣。於是，"我們還是做普通朋友"這再簡單不過的話，竟成了插入你胸腔的玻璃利刃。愛讓人痛苦，這不僅僅是想像，也不僅僅發生在心裏。它是靈魂的痛楚，是進到你身體並將你撕裂的實實在在的疼痛。我討厭愛。[1]

1　http://thinkexist.com/quotes/neil_gaiman/.

這種情形已然超出了善與惡的範疇。戀愛中的人，往往會對與父母、孩子和朋友間的道德義務產生奇怪的冷漠感，即便仍然履行着這些義務，我們也是以一種機械化的方式"彷彿"履行着它們；與我們的激情和依戀相比，一切都變得蒼白無力。在這個意義上，墜入愛河就像在大馬士革的路上擊中保羅的那道閃光，借用齊克果的用語：在那一刻，道德被宗教性地懸置了。在戀愛中，一種絕對性的干預打亂了日常事務的節奏，這倒不是說，所有價值的標準被徹底顛倒。相反，這種擾亂更加激進，因為在戀愛中，一個全新的維度在另一個生存層面上進入了我們的生活圖景。法國哲學家阿蘭·巴迪歐（Alain Badiou）曾考察比較了當代通過婚介機構尋找性伴侶（或者婚姻伴侶），與古代包辦婚姻的過程之間的相似之處：在兩種情況下，真正相愛的風險都被懸置了。也就是說，這兩種情形中，並不存在真正的"墮落"，因為"愛的相遇"的機會被此前的安排與籌劃最小化了，在這些事先計劃中，另一方所有的物質與心理興趣都被考慮在內。羅伯特·艾普斯坦（Robert Epstein）給出了這個觀點的邏輯結論：當在選擇合適伴侶的時候，你如何能通過計劃安排讓彼此都愛上對方？這種選擇伴侶的過程依賴於自我商品化。無論是在婚戀網站還是在婚姻仲介機構中，每個有前途的伴侶都把自身作為一種商品，他（她）羅列出自己的基本情況與照片。在這種模式中，如果我們今天就結婚，這婚姻的目的更多的是為了讓戀愛的激烈情感重回規範，巴斯克語中有個字眼叫 maitemindu，照字面解，意即"被愛所傷"，這個詞極好地表達出戀愛時激烈的情感。也正是出於這個原因，當發現自身處於被愛的位置上時，我們的感受變得如此激烈，以至給自己帶來創傷。事實上，W.B. 葉芝那首廣為流傳的愛情詩篇，正描繪了我們能夠想像到的最具災難性的事態之一：

假若我有眾天神的繡袍，

鑲織着金光和銀光，

那些湛藍、淺灰和深黑的繡袍，

閃爍着夜光、日光和霞光，

我願把它們全都鋪在您的足下；

但我身無分文只有夢想，

我已經把夢想鋪在您的足下，

請輕輕踏着走，因為您踏着我的夢想。[2]

簡言之，正如法國哲學家、作家吉爾·德勒茲（1925—1995）所説 "si vous êtes pris dans le rêve de l'autre, vous êtes foutu!"（如果陷在另一個人的夢裏，你可就慘了！）當然，就像陷入他人夢裏一樣，我們也同樣陷溺在真正的政治參與中。在寫於 1790 年代中期的《學科的衝突》一文中，伊曼努爾·康德試圖回答一個看似簡單，實則困難的問題：

2　W.B.Yeats, 'He Wishes for the Cloths of Heaven' (1899).

歷史中是否存在真正意義上的進步？（他指的是道德與自由的進步，而非物質條件的改善。）康德承認，真實的歷史是混亂無序的，其中找不到關於進步的清晰證明。試想一下，二十世紀既是民主與福利獲得空前發展的世紀，同時也是大屠殺與古拉格發生的年代。儘管如此，康德仍然得出結論說：雖然歷史的進步無法被證明，但我們可以覺察到關於進步之可能性的預兆。康德認為，法國大革命正是指示自由之可能性的預兆。在大革命中，一件此前無法想像的事情發生了——整個民族的民眾都開始奮不顧身地主張他們的平等與自由。在康德看來，比大革命中的血腥與暴力更重要的，是它帶來了一種熱情與憧憬，這種憧憬從法國擴散開來，深深植入全歐洲甚至全世界的同情者心中：

> 近來熱情高漲的全民革命的成敗尚難料定，其中也不乏慘劇與暴行，但無論如何，它已在所有（並未捲入革命的）旁觀者心中激起了支持的熱情，這種熱情——儘管在此因可能的危險而不便明說——只有人類心中的道德品質可以造就。[3]

2011 年，當我們滿懷熱情地關注着埃及開羅解放廣場上的起義之時，我們所感受到的，不正是同樣的東西嗎？儘

3　Immanuel Kant, 'The Conflict of Faculties,' in *Political Writings*, Cambridge: Cambride University Press, 1991, p.182.

管我們心中不是沒有懷疑、恐懼與妥協，但在那充滿熱情的一刻，我們每個人都是自由的，我們分有着人類普遍意義上的自由。在如今的歷史主義懷疑論者看來，這類事件無非是一系列社會挫折與假象的產物，這樣的動盪所導致的後果，往往會比產生動盪的局面更糟。然而，這些懷疑論者忽略了埃及這個事件的"奇跡"本質：它的發生是如此出人意料，超出了所有專家的預期，就彷彿這場起義不是由於社會原因所導致，倒像是某個外在的推動者干預歷史進程的產物。在柏拉圖的意義上，我們可以把這個推動者稱為"自由、公正與尊嚴的永恆理念"。這種奇跡般的事件也會以個人瞬時經驗的形式出現。作家豪爾赫·塞姆普隆（Jorge Semprún）是西班牙共產黨員，1943 年在流亡法國時被蓋世太保逮捕。被捕期間，塞姆普隆目擊了一卡車送到布痕瓦爾德集中營的波蘭猶太人。那個最冷的寒冬，將近兩百人被塞進一節貨運車廂，在沒有食物和水的火車裏行駛了數日，到達集中營的時候，車廂裏除了十五個兒童之外，所有的人都凍餓而死，那些孩子是靠屍體的餘溫才活下來的。就在孩子們從車廂裏被驅趕下來的時候，納粹軍官又放出軍犬撕咬……很快，只剩下兩名試圖逃走的孩子：

> 小一點的孩子漸漸落後，蓋世太保緊追着高聲嚎叫，他們的狗也跟着嚎叫，鮮血的氣味使他們癲狂。大些的孩子放慢了步伐，他過來抓住了小點孩子的手……他們一起跑了沒幾碼……納粹的警棍就落在他們的身

上，兩個孩子一起倒了下去，他們臉朝下摔在地上，兩隻手永遠地緊扣在一起。[4]

　　在此，我們不應忽略的是，那個凍結了的永恆瞬間，正是通過作為局部對象的孩子的手體現出來的。雖然兩個孩子的肉體已經死去，他們緊扣着的雙手卻（就像柴郡貓的笑臉那樣）獲得了永存。我們不難想像這一幕在電影中應當是怎樣的：影片的背景聲仍然是現實的聲響（兩個孩子被棍棒殺害），而畫面卻定格在兩隻永遠緊扣的手上，聲音記錄的是短暫的現實，畫面則描繪出永恆的實在 —— 在此，我們應該在嚴格的柏拉圖的意義上理解這種永恆。然而，塞姆普隆敍述的經歷與標準教科書中的柏拉圖思想之間，存在一個顯著的差異：按照對柏拉圖的標準解讀，理念是唯一真正的實存，而在塞姆普隆的敍述中，我們面對的顯然是永恆稍縱即逝的虛假樣貌。如何解釋這種區別？

　　在阿嘉莎・克莉絲蒂的小説中，大偵探赫爾克里・波洛發現，一個醜陋的護士與他此前在跨大西洋旅途上遇到的貌美女士實際上是同一個人，她只是帶上了假髮，並遮蓋了自己美麗的臉。波洛的助手哈斯廷此時略帶傷感地評論説，既然一個美麗的女子可以讓自己顯得醜陋，那麼反過來的做法

4　Jorge Semprún, *The Long Voyage*, Los Angeles: Overlook TP, 2005, p.172.

也是可行的，這樣一來，男人對女人的癡迷又有幾分是真，幾分是受騙呢？可愛的女人若如此不可靠，不正宣告了愛情的終結嗎？對此，波洛回答道："不，我的朋友，這恰恰宣告了智慧的開始。"這種對愛情的懷疑態度，以及對女性之美的欺騙性的認識，是不得要領的，事實上，女性之美是絕對的，它是絕對物的表象：這種美 —— 無論是多麼的虛假與脆弱 —— 乃是位於實質性的真實層面，它流露和滲透着絕對之物，換言之，這種美的表象比其所隱藏的東西揭示了更多的真理。

在此，我們看到了那個甚至柏拉圖自己也未必全然意識到的洞見：理念並不是隱藏在表象之下的現實（事實上，柏拉圖曾指出，那隱藏着的現實，只是些變動不息且容易敗壞的事物）。相反，理念恰恰只是其表象，亦即形式本身。這讓我想起數學裏的吸引子（attractor）概念：吸引子是一種理想的形式或一系列狀態的集合，這些形式或狀態在特定的動力學條件下並不改變，而隨着時間的變化，某個（根據動力學系統規則而運動的）變量會趨向吸引子變化。可以說，吸引子的存在是全然潛在的，它沒有獨立的存在，因為它無非只是點或線所趨近的某種形狀。然而，這種潛在性恰恰是這個領域的實在：那所有元素所環繞着的固定焦點 —— 它是全然柏拉圖意義上的"形式"，因為它正屬於那種無法被現實完美地分有的"永恆"理念。

説過了以上這些，我們現在可以看看柏拉圖在哲學上引發的這場革命的真正規模，事實上，這場革命是如此激進，以致連柏拉圖本人都誤解了它的內涵。首先，柏拉圖認為，在遷流不居、方生方死的現實時空秩序與永恆不變的理念秩序之間，有着巨大的鴻溝，經驗的實在物在永恆理念之光的照耀下，分有着永恆的理念，理念則通過經驗之物呈現出來（也就是説，在我面前這張物質意義上的桌子"分有"了桌子的理念，它是桌子理念的摹本）。只是柏拉圖的錯誤在於，他把理念當作了存在的實體：在柏拉圖看來，與日常的物質世界相比，理念是一種更實質性、更加穩定也更真實的存在。柏拉圖不願（或不能）把理念視作全然潛在的東西，或者一種事件意義上的非物質（甚至非實體）存在；換言之，柏拉圖不認為理念是暫時出現在事物表面上的東西。回想一下舊時代的天主教是怎樣教人不受肉慾誘惑的：當你面前站着美豔撩人的女性身體時，一定要想像她在幾十年後的樣子，那滿是皺紋的皮膚與乾癟的乳房（最好想想在那皮囊下面的筋肉和骨骸，以及裏面充滿的體液、糞便與半消化的食物……）。馬克・奧勒留在《沉思錄》中，也給出了類似的建議，不過他針對的是性愛：

　　　　一些東西摩擦着你的私處，然後是短暫的癲癇感與些許渾濁的液體。類似這樣的感覺無非是 —— 拴在一些東西上並穿透它們，於是我們知道它們究竟是甚麼了。這是我們需要一直做的功課 —— 人生中總是會有許多東西試圖獲得我們的信任——這時我們只需一一剖析它們，剝下環繞着它們的傳奇般的光環，看看它們實際上是多麼的無意義。[5]

上述這些步驟的目的，並不是要返回實存（Real）那裏，從而破壞身體的想像之咒，相反，它意味着從實存那裏逃離，因為那誘惑人的胴體，恰恰就是實存的體現。換言之，作為性物件的鬼魅似的身體與那個令人作嘔的腐爛身體之間，構成了一種對立，在其中，誘惑人的身體是實存（Real），而腐爛的身體則是現實（reality）——我們借助腐爛的身體，來避免實存的致命誘惑，因為我們將被這種誘惑帶入實存的漩渦。

欣賞當代藝術時，我們常會看到對於"回到真實"的粗暴嘗試，這些藝術作品試圖提醒觀眾（或讀者）他們看到的是虛幻的場景，以此將他們從甜蜜的迷夢裏喚醒。這種姿態主要以兩種相反的形式呈現出來。在文學與電影中，藝術家往往採用自反性的方式，提醒觀眾他們所見的只是虛構場景。例如屏幕上的演員會直接對觀眾説話，從而打破虛構敍事的幻覺；作家則會通過在作品中插入反諷式的評論；在戲劇中，演員有時會使用殘忍粗暴的舉動，將我們拉回到舞台

5　Marcus Aurelius, *Meditations*, Book 6, p.13, 摘自 http://classics.mit.edu/Antoninus/meditations.html。

的現實（例如，在舞台上活宰一隻雞）。我們不應把這些做法視作擺脫幻覺之咒，讓我們直面實存的手段；相反，我們應該指責這些做法，因為它們恰恰起到了相反的作用——它們讓觀眾從實存那裏逃離，換言之，這些做法恰恰阻止了那個流入（或貫穿）幻覺之中的實存本身。

讓我們最後一次回到愛這個主題：愛並不是要讓我們逃離到某個沒有社會差別的理想浪漫之地，這與愛毫不相關。看看齊克果的另一句名言："愛相信一切，卻從不被欺騙。"[6]在這方面，愛與猜忌相反，猜忌者不相信任何事情，卻總難免受騙上當。有些自相矛盾的是，慣於猜忌他人者，往往因其自身憤世嫉俗的不信任而淪為最徹底的自欺的受害者，就像拉康所言：les non-dupes errent（知者反失）——憤世嫉俗者錯過了表象本身的實在性，無論這些表象是多麼的脆弱、縹緲和稍縱即逝；相反，真正信任他人者不但相信這些表象，而且相信那能"照透"這些表象的神奇維度，他甚至能在對方自己意識到之前就看到那個人身上的善。在此，表象與現實不再對立，正是在可信任的表象中，戀愛的人看到了對方如其所是的樣子，即便是她（他）的缺點也變得可愛。關於這一點，東方思想認為，在脆弱而有欺騙性的表象之下，是虛空而實在的絕對基礎；與此相反的另一種觀點則認

6　Søren Kierkegaard, *Works of Love*, New York: Harper Torchbooks, 1962, p.114.

為，日常現實是堅硬滯鈍的存在，絕對物則是脆弱和稍縱即逝的。也就是說，絕對物究竟是甚麼？它是在我們經驗之流中所呈現的東西，它在美麗女子的溫柔微笑中，也在平日裏粗魯的大漢忽然閃現的關愛神情中——在這些猶如奇跡卻又脆弱易逝的場合，另一個維度流入了我們所處的現實。就其本身而言，絕對物是易受腐蝕的；它太容易從我們的指尖溜走，因此我們要像對待蝴蝶那樣輕柔地對待它。簡言之，絕對物是純粹意義上的事件，是那些發生着的東西，它往往在完全顯現之前就已消失不見。

轉乘站 4.2 —— 事件性的自我

《玻璃眼》是阿爾弗雷德·希區柯克的最驚悚的劇集之一，潔西嘉·坦迪（Jessica Tandy）在劇中扮演一個愛上了英俊的腹語表演者麥克斯·科洛迪的孤獨女人。一天她鼓起勇氣，單獨到麥克斯的家中向他表白。然而當她上前擁抱麥克斯時，竟發現手中摟着的是一個木製假人的頭顱。她驚恐地退後幾步，那個"假人"站了起來，摘下了面具，原來他是一個蒼老悲傷的侏儒，他跳上桌子，絕望地讓她離開。腹語表演者麥克斯·科洛迪事實上是個假人，恐怖醜陋的假人才是真正的腹語表演者。它是個可丟棄的"死"器官，是一個局部對象，它事實上是活着的，而它死去的傀儡才是那個"真"人。在此，"真"人僅僅苟活着，他只是生存的機器，是"人形的動物"，而正言說的主體，則寓於那個表面上"僵死"的附件之中。換言之，當一個人說話時，真正言說的並不是他具體的身體，而是寓於其中的某個幽靈般的存在，這個"機器中的靈魂"要比說話者現實的身體更加真實。這種觀點徹底顛倒了通常意義上身體與靈魂間的關係，它正是笛卡兒的"我思"（cogito）所帶來的結果：思想着的主體並不是那個呈現在身體中的靈魂，相反，它像是外來的入侵者，或者像是借助我們身體說話的小矮人（homunculus）。正是由於對身心關係的這種徹底逆轉，笛卡兒得以毫無顧忌地主張其基本原理的事件性（非實體性）特徵：笛卡兒的"我思"不是身體的實體形式，相反，它指的是一種不涉對象的純粹之思——"我思，故我在。"[7]

當我們談及"我思"，或者談及一種將人的思想還原為不涉外部對象的深邃之思的時候，應當時刻注意的是，我們在此所說的並不是某種高深無謂的邏輯遊戲（諸如"想像一下假如世界就只剩你一人……"之類），而是一種對徹底自

7　我們應該注意的是，從一開始，笛卡兒的思想就在女性那裏產生了影響——"我思沒有性別"便是一個早期女讀者的反應。而第一個探索笛卡兒思想的女性主義潛力的，是弗朗索瓦・普蘭・德・拉巴雷（François Poullain de la Barre），他是笛卡兒的追隨者，並在成為牧師之後改宗新教。他把笛卡兒的原則運用於兩性問題，並譴責對於婦女的不公正以及女性地位的不平等；德・拉巴雷也是男女平等理念的支持者。1673 年，他匿名出版了《關於兩性平等的物理及道德論述：以及消除偏見的重要性》（*De l'Égalité des Deux Sexes: Discours physique et moral où l'on voit l'importance de se défaire des préjugés*）一書，書中表明：兩性的不平等並沒有自然基礎，而全是文化偏見所致。此外，他還力主婦女接受適當的教育，並主張所有職業都應向婦女開放，包括科學研究的職位。

我退離的存在體驗的準確描述，在"我思"的過程中，我周遭一切的現實存在都因被懸置而成為消退的幻覺，這種體驗在精神分析（亦即心理退離）與宗教神秘主義（即所謂"世界的暗夜"）裏並不陌生。在笛卡兒之後，德國唯心主義哲學家弗里德里希・威廉・約瑟夫・謝林（1775—1854）進一步將"我思"的概念發展為其理論的基礎。在謝林看來，在其作出任何（作為理性世界之中介的）斷言之前，主體乃是處於"存在的無限匱乏"狀態——"unendliche Mangel an Sein"——也就是主體否定自身以外一切存在的收縮姿態。這個觀點也構成了黑格爾那裏"瘋狂"概念的核心：黑格爾將瘋狂視作一種從現實退離的姿態，它是靈魂的自我封閉與"收縮"，在瘋狂狀態中，靈魂切斷了自身與外部現實的聯繫。黑格爾略顯倉促地認為，這種退離狀態是向"動物靈魂"的倒退——動物靈魂受困於自然環境，並受自然節律（白天、夜晚與季節）的支配。然而，這種退離姿態難道不正意味着切斷與環境的聯繫嗎？它難道不意味着主體與周遭自然環境相融狀態的終結嗎？就這姿態本身而言，這難道不是"人性化"的基礎嗎？這種退歸自身的過程，不正是笛卡兒作出的嗎？他的普遍懷疑方法與還原性的"我思"概念，不正穿越了那個徹底瘋狂的時刻嗎？在其耶拿的現實哲學片斷裏，黑格爾使用了"世界的暗夜"這個略帶神秘色彩的字眼，來描述對純粹自我的體驗，在其中，主體縮回自我的過程包含了對（構成性）現實的遮蔽：

人類就是這個暗夜，這空洞的虛無，他的單一性包含了萬物——他有着無數的表徵與圖像，但這些即不屬於他，也不在場。這個暗夜是自然的內部，它——這個純粹的自我——就在這裏變幻無常的表徵之中，在這包裹着自我的暗夜裏，有時剎那間出現血淋淋的頭顱和陰森的幽靈，而後又倏而消失。每當我們直面人類之時，就會瞥見這個可怖的暗夜。[8]

這種象徵性的秩序是語詞（logos，邏各斯）的宇宙，它只能從經驗的深淵中浮現出來。正如黑格爾所言，純粹自我的內向性"必須同樣也進入經驗之中，成為其對象，並通過與其自身內在性的對立而成為外在物，從而返回存在。這正是語言命名的力量……通過獲得名稱，物件才得以作為個別實體從我之中誕生"。[9]

在此，我們不應忽略的是，黑格爾打破此前的啟蒙傳統的意圖，正表現在其對主體隱喻的顛覆。在黑格爾那裏，主體不再是與那些看不透的黑暗物質（例如大自然、傳統等）

---

8   G.W.F. Hegel, 'Jenaer Realphilosophie,' in *Fruehe politische Systeme*, Frankfurt: Ullstein, 1974, p.204; quote from Donald Phillip Verene, *Hegel's Recollection*, Albany, NY: SUNY Press, 1985, pp.7-8. In Encyclopaedia also, 黑格爾提到了那個"夜一般的深淵，在其中，由無數圖像與表象構成的世界被無意識地保存起來"。在此，黑格爾的歷史淵源來自雅各‧波姆（Jacob Bohme）。

9   Hegel, 'Jenaer Realphilosophie,' op.cit.

對立的理性之光，相反，主體的核心 —— 亦即那為邏各斯的光芒打開空間的姿態 —— 是絕對的否定性，在這個意義上，它正是"世界的暗夜"，主體是全然瘋狂的所在，其中充滿了"局部對象"的離奇幻影。因此，倘若沒有這種退離的姿態，主體性便也不可能存在 —— 也正因如此，黑格爾在此完全有理由將傳統的如何墮落（倒退）到瘋狂狀態的問題逆轉過來：事實上真正的問題毋寧是，主體如何能夠爬出這種瘋狂，到達"正常狀態"？換言之，在退回自我的姿態 —— 亦即靈魂切斷了與外部聯繫的狀態 —— 之後，緊接着的是象徵性宇宙的重建，主體將象徵性的宇宙作為某種替代形式（substitute-formation）投射到現實中去，用它來補償我們逝去的那先於象徵的，直接意義上的現實。簡單地説，"瘋狂"的存在論必要性在於這樣一個事實，即：倘若沒有"瘋狂"狀態，我們將無法直接從"受困於自然環境"的純粹"動物靈魂"轉變為寓於象徵性潛在環境之中的"普通"主體性，換言之，這種退離現實的"瘋狂"姿態構成了兩者之間"消失了的中介"，它開啟了象徵性（重）建構的空間。

可見，"瘋狂"的真正意義，並不是指"世界暗夜"的毫無節制，而是指通往象徵物這個過程本身的瘋狂，在這過程中，我們將象徵性的秩序被強加給了實存的混沌狀態。（佛洛伊德在其對患有偏執狂的法官尼爾・保羅・施雷博的精神分析中指出，偏執的"系統"並不是瘋狂，而是要逃離瘋狂〔即象徵性宇宙的解體〕，並用意義的宇宙替代它的絕望嘗試。[10]) 如果瘋狂是構成性的，那麼每一個意義體系便都具有偏執狂的特性，在這個意義上，它們都是 "瘋狂" 的。這讓我們想起布萊希特的著名標語："與建銀行相比，搶銀行算得了甚麼？" 同樣，我們應該反問："與理性自身的瘋狂相比，喪失理性的瘋狂算得了甚麼？"

　　無怪乎我們會在後創傷主體（post-traumatic subject）這種愈來愈普遍的病理現象中，看到笛卡兒 "我思" 的核心意義了。我們的政治與社會現實向我們強加了如此多的外在侵擾與創傷 —— 這些毫無意義的紛擾摧毀了主體身份的象徵肌理。首先是物理意義上的外在暴行，例如 9．11 恐怖襲擊、美國對伊拉克的 "震懾" 轟炸、街頭暴力和強姦等等……此外還有像地震、海嘯等自然災害，以及我們內在現實的物質基礎所遭到的 "非理性"（無意義）的毀壞，例如腦瘤、阿爾茨海默症、有機腦病變等，這些疾病會完全改變甚至摧毀受害者的人格。最後我們還面臨社會—象徵層面的暴力，例如社會排斥等。這些暴力中的大多數顯然已經存在了數個世紀之久，其中有些甚至在史前時代就已有之。只是由於生活在一個 "祛魅" 了的後宗教時代，在我們的直接經驗中，這些暴力與創傷往往成為對現實的毫無意義的侵擾；並且，基於同樣原因，儘管這些創傷的性質各有不同，它們看上去卻像

10 Sigmund Freud, 'Psychoanalytic notes upon an autobiographical account of a case of paranoia,' in *Three Case Histories*, New York: Touchstone, 1996.

是來自同一個範疇，並導致相同的後果。（事實上，強姦被歸為創傷，還是二十世紀之後的事。）

因此，後創傷主體是從自身死亡中倖存下來的受害者。所有不同形式的創傷經歷，無論其性質如何（它們可以是社會、自然、生物和象徵意義上的），它們都導致相同的結果：亦即那個從自身象徵性身份的死亡（消除）中倖存的新主體。可以說，在全新的後創傷主體（例如阿爾茨海默症患者）與他的舊身份之間，不存在任何連續性，新的主體在震撼之後就浮現出來。這個疾病有眾所周知的症狀，例如缺乏情感投入，以及顯著的超然和冷漠；主體不再是海德格爾意義上介入具身存在的在世（in-the-world）存在者。作為一種生命形式，主體在死亡中生存。

對於後創傷主體之哲學維度的探討，關鍵在於認識到，主體的實體身份被粗暴毀滅的過程，恰恰也是其重生的過程。後創傷的自閉主體，鮮活地證明了這樣一個事實，即：主體的身份已經無法通過"講述自身的故事"—— 亦即通過主體自身敘事性的象徵肌理 —— 來加以界定。當我們將所有這些東西悉數除去，剩下的便只有純粹的主體（或者說，只有純粹的形式）。因此，佛洛伊德的那個觀點也適用於後創傷主體，他認為，只有在某個先前創傷的諧振下，對於實存的侵擾才能形成新的創痛，在此，先前的創傷正是主體性自身的誕生，新的主體在活着的個體被剝奪了他的一切實質內容之後浮現出來，而這種建構性的創傷在當前的創傷經驗中又得以重複。正因如此，拉康認為，佛洛伊德意義上的主體恰恰就是笛卡兒的"我思"。"我思"並非來自生活現實的"抽象"，它不是擁有各種特性、情感、能力與關係的個體。相反，就像拉康那假想的"我的物件"（stuff of the I）那樣，"我思"有着豐富的個性，也就是説，"我思"是一個有着具體主體性態度的實在意義上的"抽象"。在後創傷的狀態中，主體被還原為一個不具實體的空洞主體性形式，在這個意義上説，後創傷主體正是"我思"的歷史性"實現"，這讓我們想起在笛卡兒那裏，"我思"是思想與存在相互重合的零點，在這個點上，主體在某種程度上既不"在"（因為他被剝奪了所有正面的實質性內容），也不"思"（因為他的思想被還原為空洞的同義反覆，即：思想在思想着）。

因此，當代法國黑格爾派哲學家凱薩琳・馬拉勃（Catherine Malabou）認為，後創傷主體無法通過佛洛伊德的過往創傷重複理論來加以解釋（因為創傷帶來的震撼抹去了過往的所有痕跡）。不過，她似乎太過專注於創傷的內容，而沒有將抹去實質內容的過程本身 —— 亦即從這些內容中減去空洞形式的過程 —— 包括在過往的創傷記憶裏。[11] 換言之，恰恰是因為創傷抹去了整個實質性的內容，它所帶來的震撼

---

11 Catherine Malabou, *Les nouveaux blesses*, Paris: Bayard, 2007.

才會是過往的重複，也就是說，過往對於實在物的創傷性丟失，正是組成主體性維度的成分。在此真正被重複的，不是過去的內容，而恰恰是抹去了所有實質性內容的姿態本身。這也正是為甚麼，當作為主體的人遭受創傷性侵擾之時，其結果往往是全面的毀滅。在暴烈的創傷性侵擾抹去了所有實質性內容之後，留在人的主體中的，便只有主體性的純粹形式，這種形式顯然是早已在那裏了。

換句話說，可以認為，後創傷主體正是佛洛伊德那裏（作為戀物癖心理基礎的）"女性閹割"經歷的終極案例。它意味着，就在我們期見到某樣東西（男性生殖器）的地方，實際上卻空無一物。如果說"為何總有物存在，而非空無一物？"是最基本的哲學問題，那麼主體要問的問題就是："為甚麼應當有物之處卻無物存在？"腦科學給我們帶來了這種驚奇之感的最新例子：當我們試圖尋找意識的"物質實體"時，我們發現，那裏竟沒有任何要找的東西——大腦只是一堆遲鈍的肉塊。那麼，主體究竟在何處？答案是它不在任何地方。它既不是自我意識的親知，當然也不會是大腦這個物質器官的存在。當我們直視自閉症患者的雙眼，我們會有類似的"那裏空無一物"之感，然而，與面對死去的腦器官相反，在面對自閉症患者時，我們仍然期待着存在着某些東西（或某個人），因為那裏還留有它們存在的空間。在這個意義上，此時主體正處於其零階狀態（zero-level），就像一幢無人值守的空房。

冷血的殺戮、"讓自己爆發"（就像有人曾說的那樣），組織自己的恐懼或者把恐懼視作無意義是偶發事件，這些現象是否仍然可以用一對施虐狂與受虐狂的方式加以解釋？難道我們沒有意識到，它們的根源既不是愛與恨的轉化，也不是恨與冷漠的相互轉化，而是位於別處嗎？也就是說，它們的根源超越快樂的原則，而有其自身的可塑性。[12]

如果我們想要把握最純粹意義上的"零階"我思概念，我們應當看看"自閉"的主體——這是一種極為痛苦和惱人的經歷。也正因如此，我們才強硬地抗拒着這個"我思"的幽靈。

轉乘站 4.3 —— 錯誤出真知 [13]

在這一節裏，讓我們來專門談談黑格爾——讓我們來談談為甚麼這個最激進地試圖去思考那位於主體性中心的瘋狂深淵的哲學家，能夠將他那作為意義全體的哲學體系帶到"瘋狂"的巔峰。也正是出於這個原因，在常人看來，"黑格爾"這個名字往往代表着那個哲學變得瘋狂並膨脹成矯飾的"絕對知識"的時刻。然而，黑格爾在此的觀點要細

---

12 Catherine Malabou, *Les nouveaux blesses*, Paris: Bayard, 2007, p.315.
13 原文為 La vérité surgit de la méprise。 —— 譯註

緻得多,他並不是説任何事物都是瘋狂的,而是認為,"尋常性"(normality)這個理性宰製的領域,恰恰是瘋狂的自我同化 —— 就像法制乃是犯罪的自我同化一樣。在 G.K. 切斯特頓的宗教驚悚小説《星期四男人》(*The Man Who Was Thursday*)中,蘇格蘭場的絕密部門的神秘負責人堅信"一場精神上的陰謀將會威脅到整個人類文明":

> 他確信科學界與藝術界正悄然組織着一場反對家庭與國家的運動,於是他成立了一支特別警隊,其中的警員同時也都是哲學家。他們的任務是時刻監視這場陰謀任何可能的苗頭,他們注視的不僅僅是犯罪活動,而且還有思想的論辯……這些哲學警察的工作……比普通警探的更加微妙,也需要更多的勇氣。普通警探要到酒館裏逮捕盜賊;我們則潛入藝術家的茶話會裏偵查悲觀主義者的蹤跡。普通警探從賬本或日記中判斷罪行是否已被實施;我們則從十四行詩裏預測罪行是否會發生。我們必須追查這些可怕思想的源頭,因為它們最終會驅使人從事精神幻想與犯罪。[14]

讓我們將這個描寫略加改動:如果現實中的政治罪行是"極權主義",那麼哲學上的罪行便是"整體性"(totality),

---

14 G.K.Chesterton, *The Man Who Was Thursday*, Harmondsworth: Penguin Books,1986, pp.44-45.

因為哲學的整體性概念與政治極權主義之間僅有一牆之隔。可以想像，"哲學警察"的任務是搜尋書籍中任何可能導致政治犯罪的蛛絲馬跡，從柏拉圖的對話錄，到盧梭的社會契約論述，都逃不過他們的眼睛。普通的政治警察突襲秘密據點並逮捕革命者；哲學警察則在研討會上搜尋"整體性"思想的鼓吹者。普通的反恐警察試圖發現密謀炸掉大樓與橋樑的恐怖分子；而哲學警察則試圖發現哪些人要解構我們社會的宗教與道德根基。

上述頗有煽動性的分析，揭示出切斯特頓的局限性 —— 他還不夠黑格爾。他未能領會的是：普遍（化了的）犯罪將不再是犯罪 —— 因為它揚棄（既否定又克服）了作為犯罪的自身，並從違法行為轉變為一種新的秩序。切斯特頓正確地指出，與"目無法紀"的哲學家相比，竊賊、重婚者甚至殺人犯在本質上都算是道德的。一個竊賊"是有條件的好人"，他並不反對財產本身，而只是想拿得更多，因此竊賊很願意尊重財產權。然而這意味着，犯罪本身"在本質上是道德的"，它所要求的，是在普遍道德秩序大前提下的局部非法的秩序重整。而按黑格爾的觀點，這個（關於犯罪"本質上的道德性"的）主張應該反過來理解，不但犯罪"在本質上是道德的"（用黑格爾的話說：犯罪是道德秩序內部矛盾與對立之展開的固有環節，而非從外部破壞道德秩序的偶然侵犯。），而且道德本身在本質上也是犯罪 —— 同樣，這不僅是說，普遍道德秩序必然會在個別的罪行中"否定自身"，而且，在更徹底的意義上，還意味着道德（例如在偷竊例子中的財產權）肯定自身的方式恰恰已經構成了犯罪，正如十九世紀的那句諺語："財產即盜竊。"換言之，我們不應將偷竊視作違反關於財產的普遍道德形式的個別犯罪，相反，普遍道德形式本身就構成了違法犯罪。切斯特頓在此沒有看到的是，他所投射到"目無法紀的現代哲學家"及其政治對應物身上的"普遍化的犯罪"—— 連同那個要摧毀整個人類文明的"無政府主義"運動 —— 事實上恰恰已經隱藏在既有法律的偽裝之下了。因此可以説，在向犯罪的同化中，法律與犯罪的對立揭示了自身，它實際上是普遍犯罪與個別犯罪的對立。

正是在這個意義上，切斯特頓給出了正統派的一個極具顛覆性與革命性的特徵。在其著名的《為偵探小説辯護》一文中，切斯特頓談到偵探小説如何"提醒我們這樣一個事實：即文明本身就意味着最聳人聽聞的離經叛道以及最浪漫的反叛……道德本身正是最黑暗和最無所顧忌的陰謀，這構成了警察浪漫小説的基礎"。[15] 在此，我們看到了黑格爾辯證過程的基本架構：外在的對立（即法律與違法犯罪之間的對立）被轉化為違法行為自身的內部對立，亦即個別違法行為與絕對意義上的違法行為之間的對立，後者恰恰就是普遍

---

15 G.K.Chesterton, 'A Defense of Detective Stories,' in H. Haycraft, ed., *The Art of the Mystery Story*, New York: The Universal Library, 1946, p.6.

法律本身。這一點，在理查‧瓦格納歌劇手稿《拿撒勒的耶穌》中得到了最為清晰的體現。瓦格納的這部作品寫於 1848 年末至 1849 年初，在其中，耶穌給出了一系列誡命，作為十誡的補充：

> 誡命說，不可姦淫！但我對你們說，你們不可結無愛的婚姻。無愛的婚姻一旦結成，必都倒塌，沒有愛而求婚的人，便已敗壞了婚禮，若你們遵從我的誡命，又怎會因做心中與靈魂喜悅的事而違背它呢？但若結無愛的婚姻，你便背離神的愛，你的婚禮便是對神的罪；這罪將施在你的身上，因你雖守了人的律法，卻損毀婚姻的誓言。[16]

　　真正的通姦，不是婚外的戀情，而是沒有愛的婚姻本身。如果說通姦行為僅僅從外部違反了法律，那麼沒有愛的婚姻則是從內部摧毀了它，因為這樣的婚姻使法的條文背離了法的精神。借用布萊希特的風格，可以說：與沒有愛的婚姻相比，通姦算得了甚麼呢！瓦格納筆下隱含的"婚姻即通姦"的觀點，讓我們想起無政府主義者皮埃爾約瑟夫‧蒲魯東（Pierre-Joseph Proudhon）的那句格言"財產即盜竊"，這並非偶然。在 1848 年如火如荼的革命風潮中，瓦格納不

16　Richard Wagner, *Jesus of Nazareth and Other Writings*, Lincoln, Nebr., and London: University of Nebraska Press, 1995, p.303.

但是鼓吹性愛的費爾巴哈主義者[17]，而且也是蒲魯東式的贊同取消私有產權的革命者。有鑒於此，無怪乎在這部歌劇後半，瓦格納對"不可偷盜"這個誡命作了蒲魯東式的補充：

> 也有好的律法，如：不可偷盜，亦不可貪戀別人的財產。凡違背它的，皆是有罪；但且從我的教誨，便可宥你們的罪。愛你的鄰人如愛自己，亦是説，不可為己守財，卻偷盜鄰人，反讓他受餓，因你的財物雖有人的律法保守，但卻招惹鄰人犯罪。[18]

在此，耶穌的這番話把對某個概念的扭曲，轉換成了對這個概念構成部分的扭曲。偷盜這個概念是對財產權的扭曲否定或違反（沒有人有權完全佔有生產資料，它本質是集體性的，因此任何對生產資料宣稱"這是我的"的舉動都是非法的）。正如我們提到過的那樣，這種轉變也體現在犯罪與法律的關係中，也就是從作為法律之扭曲（或否定）的犯罪，轉變為維繫着法律自身存在的犯罪，這意味着，法律自身已經成了普遍化的犯罪。在此我們要注意的是，兩個對立項所形成的統一性（財產與盜竊、法律與犯罪等）乃是"最低層次"和"越界"的，它並不意味着犯罪是法律自身同化的環

17　德國哲學家路德維希・費爾巴哈（1804—1872）反對黑格爾的唯心論。他主張人的身體與感覺意義上的存在；在他看來，宗教是人類投射自身最佳品質的幻想。

18　Wagner, *Jesus of Nazareth*, op. cit., pp.303-304.

節（或者説偷竊是財產權自身同化的環節）；相反，犯罪與法律的對立乃是內在於犯罪之中的，換言之，法律乃是犯罪的一個子類——它是犯罪的自我聯繫的否定（在同樣的意義上，財產權是偷盜的自我聯繫的否定）。

只有在這樣的背景上，我們才能把握黑格爾那裏"絕對知識"的含義。簡言之，它意味着，一旦除去所有的幻覺，你也將失去真理本身。真理需要時間來洞穿幻覺並彰顯自身。我們不妨將黑格爾的思想放回到柏拉圖—笛卡兒—黑格爾的序列中加以考察，與這三個哲學家相對應的是"客觀—主觀—絕對"的序列。柏拉圖的理念是客觀的，知識蘊含在理念之中；笛卡兒則賦予主體自我意識以無條件的確定性；黑格爾的思想對此有怎樣的補充？倘若"主觀"指的是受我們主體感知界限所左右的東西，"客觀"指的是實在本來的樣子，那麼"絕對"給二者帶來了怎樣的補充？對此黑格爾的回答是："絕對"給我們帶來了更加深刻而實質的維度，它包括進入（客觀）真理自身的（主觀）幻覺。"絕對"的視角使我們看清現實在怎樣的意義上涵蓋了虛構（或幻想），以及在怎樣的意義上，正確的選擇只有在錯誤的決斷之後才會浮現出來。因此，黑格爾要求我們把整個哲學史倒轉過來，這意味着採用一系列步驟，在意見（doxa，公眾意見）與真正的知識之間作出清晰的界分。在黑格爾看來，意見乃是真理的組成部分，它是使真理具有暫時性與事件性的原因。當代研究理性與災難的法國哲學家讓皮埃爾・迪皮伊

（Jean-Pierre Dupuy）在其對希區柯克《迷魂記》的一段評論中，就運用了真理的事件性所導致的邏輯悖論：

> 直到時間 t 之前，對象都擁有屬性 x；在那之後，不但這個對象不再擁有屬性 x，而且說其在任何時刻擁有屬性 x 的命題都是非真的。因此，"對象 o 在 t 時刻擁有屬性 x"這個命題的真值，取決於該命題在哪個時刻被表述。[19]

在此我們需要留意表達的精確性，上述論斷並不是說，"對象 o 在 t 時刻擁有屬性 x"這個命題的真值取決於該命題有所指稱的時刻（即使我們可以給出這個時刻）。相反，命題的真值取決於它被表述的那個時刻。換言之，就像迪皮伊文章的標題所說的，"當我死後，我的愛將從來不曾存在"。讓我們想想婚姻與離異的問題：對於離婚權利最睿智的論證（就是青年馬克思提出的那個論證）並不提及那些庸俗尋常的理由，例如"就像萬物一樣，愛的依戀也不是永恆的，它會隨時間改變……"之類。相反，這個論證承認不可解除性是婚姻的本質屬性。但論證告訴我們，離異總是帶有回溯的視角。離異不但意味着婚姻被即刻取消，它還隱含着更深刻的

---

19 Jean-Pierre Dupuy, 'Quand je mourrai, rien de notre amour n'aura jamais existé,' 未出版講義 *Vertigo et la philosophie*, École Normale Supérieure, Paris, 14 October 2005。

東西，婚姻之所以應當被取消，乃是因為它從來就不是真正的婚姻。（同樣的論證也適用於蘇維埃社會主義，認為勃列日涅夫執政時期，蘇聯陷入了"停滯"，或者"耗盡了潛力，無法適應新的時代"等説法，顯然是不充分的；因為蘇聯的崩潰恰恰表明，它從一開始就走進了歷史的死胡同。）

　　上述悖論，為我們了解黑格爾迂迴曲折的辯證法提供了線索。讓我們以黑格爾對法國大革命時期雅各賓派恐怖專政的批判為例。黑格爾認為，雅各賓派行使着絕對自由的抽象否定性，在具體的自由社會秩序中，這種政策無法為其自身帶來穩定，因此其執政將以自我毀滅而告終。然而需要注意的是，在面臨歷史抉擇之時（例如，究竟是選擇"法蘭西"的道路，遵從既有的天主教社會秩序，並參與到自我毀滅的革命恐怖專政之中；還是選擇"德意志"的社會改良道路。），這種抉擇也涉及同樣基本層面的辯證悖論，就像在對於《精神現象學》（1807）裏"精神是骨頭"這個説法的兩種解讀那樣。黑格爾在書中以陽具（phallus）的隱喻作為説明（即phallus 可以視作輸精器官，也可視作泌尿器官）。黑格爾的觀點並不是説，與只會把陽具視作泌尿器官的庸俗經驗主義相反，真正的思辨態度應當把陽具視作輸精器官。此處的悖論在於，如果直接選擇輸精器官，我們恰恰偏離了其中的要領，因為直接選擇"真正的意義"乃是不可能的。換言之，我們必須從"錯誤"的選擇開始（例如選擇泌尿器官），真正思辨的意義，只有在反覆的研讀之後才會浮現出來，就如同此前那個"錯誤"解讀的滯後效應（或副產品）。在我們的社會生活中，對於倫理的生活世界裏的"具體普遍性"的直接選擇，其唯一可能結果便是向着前現代社會的倒退，在那個社會中，主體性的無限權利（作為現代社會基本特徵）是被全然否定的。由於現代國家的臣民—公民不再能接受完全沉浸到自身的社會角色中去，這些角色為他們提供了在有機社會整體中的固定位置，於是通往整體性的理性現代國家的唯一出路，便是革命的恐怖專政。在專政中，人民殘暴地撕碎了前現代社會"具體普遍性"的束縛，並得以在抽象否定性的意義上主張主體性的無限權利。換言之，黑格爾分析革命恐怖專政的主旨，並不在於給出這個明顯的見解，即：這場革命的願景乃是對抽象普遍理性一廂情願的追求，它註定會以自我毀滅的方式歸於失敗，因為它無法將革命爆發出的能量轉移到分化了的具體社會秩序中。相反，黑格爾想回答的是：為甚麼儘管革命恐怖專政是歷史的死胡同，我們仍然必須經歷這個階段才能進入現代理性國家。

讓我們看看道歉中的悖論：如果我唐突的評論傷到了某個人，我應當做的就是給他一個真誠的道歉，然後他應當回應說："沒關係，我接受你的道歉，我並沒有被冒犯。我知道你不是有心的，所以你無需道歉啊！"顯然，這裏的問題在於，儘管最終結果是不需要任何道歉，但我們仍然必須經歷整個道歉的過程。只有在我的確給出道歉之後，對方才會說出"你無需道歉"這樣的話。因此，儘管從形式上說，整個過程沒有任何事情發生，對方已經聲稱道歉是不必要的，但整個過程的結尾產生了收益（例如，它可能挽救了我們的友誼）。因此，這個辯證過程要比初看上去的更加精緻。關於辯證法的標準概念認為，我們只有經歷一系列錯誤之後才能抵達最終真理，因此這些錯誤不應該被丟棄，而應加以"揚棄"，並成為最終真理的一個環節。但是這個標準解釋並未闡明錯誤如何恰恰被作為多餘之物而遭到"揚棄"。

　　既然無法穿越時空，這種改變過去的環路如何可能？法國哲學家亨利・柏格森（1859—1941）給出了一個解決方案。我們固然無法改變過去的現實（或真實狀況），但在潛在意義上的過去則是可以改變的，當某種徹底的新事物出現時，這種新事物會以回溯性的方式創造自身的可能性，亦即它自身的原因／條件。[20] 某種潛在性被插入（或退入）了過往的現實。墜入愛河就有改變過去的能力。在過去的時光裏，好像我總是已經愛上了你，愛彷彿是命中註定的，是"現實的答案"。在這個意義上可以說，我當前的愛情導致了那些造就這個愛情的過往經歷。在希區柯克的《迷魂記》中，發生的事情正好相反，由於過往被改變，愛因此失去了"objet a"（拉康用這個概念指那些無法得到的慾望對象）。《迷魂記》中，史考提的第一個經歷是失去了他的摯愛瑪德琳；後

---

20 關於柏格森思想的更多細節，見 Slavoj Žižek, *In Defense of Lost Causes*, London: Verso Books, 2007。

來他在茱迪身上重新找到瑪德琳的身影，但一天史考提驚奇地發現，他從前所深愛的瑪德琳其實不是本人，而是茱迪偽裝的。史考提所發現的，不僅僅是死去的瑪德琳是個假身份這個事實（他知道那不是真的瑪德琳，因為他已從她那裏複製了瑪德琳的形象），而是這樣一種狀況：因為瑪德琳不是虛假的（她的確是瑪德琳，但瑪德琳本身已經是虛假的了），史考提的 objet a 也因此消解，失去戀人的這個經歷從而失去了自身，在此，我們看到了一種"否定之否定"。史考提的發現改變了過去。它使那個失去的對象不再是 objet a。所有真正意義上的事件都會涉及同樣的時間悖論，其中當然也包括政治事件 —— 德國革命者羅莎·盧森堡顯然意識到了這點，在她與社會主義者愛德華·伯恩斯坦的論辯中，盧森堡為了反駁修正主義者對無產階級在時機成熟之前過早奪權的恐懼，給出了兩個論證：

> 向社會主義的轉變，需要漫長和卓絕的鬥爭，在這個漫長過程中，無產階級很可能遭受多次挫敗，因此，為了革命最終結果起見，無產階級必定會在不成熟的條件下奪取權力……事實上，無產階級不能不在"不成熟"的情況下過早奪取國家政權，因為正是無產階級的這些"不成熟"進攻，才構成了最終勝利的政治條件中的極重要因素。在伴隨着無產階級奪取權力的政治危機中，在長期卓絕的鬥爭中，無產階級將獲得政治上的成熟，使其能夠最終取得革命的決定性勝利……由於無產階級

只可能以"不成熟"的方式奪取權力,因為在其能夠長久維繫權力之前,無產階級必須進行若干次"過早"奪權的嘗試,那些對於其奪取政權尚"不成熟"的指責,無非是在總體上反對無產階級獲取國家政權這個遠大抱負。[21]

此處不存在任何"元語言":因為我們找不到任何外部立場,藉以判斷我們究竟需要多少次"不成熟"的嘗試才能達到目標。之所以如此,原因就在於這實際上是個"錯誤出真知"(la vérité surgit de la méprise,如拉康所言)的過程,在其中,"不成熟"的嘗試恰恰改變着時間性的空間和尺度。換言之,主體在這過程中發生了"躍進",它在條件具備之前就開始了行動,並將承擔由此帶來的風險。[22] 隨着主體參與到象徵性秩序之中,時間在兩個方向上的線性流動發生了卷曲:積澱(precipitation)與追溯(retroactivity)都發生了改變(在事後追溯的意義上,事物才成為其所是的東

---

21 Rosa Luxemburg, *Reform or Revolution*, Chapter VIII, 摘自 www.marxists.org/archive/luxemburg/1900/reform-revolution/ch08.htm。

22 這或許是使拉康引入的短時精神分析法有問題的地方。拉康注意到,在標準50分鐘長度的精神分析中,病人通常會重複敍述一些東西,而只有在最後幾分鐘內,在就要結束或被分析師打斷的預期下,病人才會由於恐慌而講述有意思的材料。因此他想到:為甚麼不把分析的過程縮短,並直接跳到結尾呢?在時間壓力下,病人或許會說出有實質性的內容。但這裏的問題是,我們是否真的只需要最後有成效的部分,而無需此前45分鐘的敍述,因為後者似乎正是為最後的內容所作的醞釀。

西，只有當事物發生了相對於自身的延遲之際，其身份才開始浮現），簡言之，究其本質，每一個行動都既是過早的行動，同時也是太晚的行動。我們應當學會等待，而不喪失耐心。如果我們行動得過快，這個行動就成為貿然行事，亦即為了避免僵局而劇烈地向前逃避；相反，如果我們行動得太晚，它便失去了事件的屬性，它不再是那使"一切都不再相同"的激進干預，而成了尋常事物秩序中的局部變化。當然，這裏的問題在於，所有的行動都既是"過快"的（因為行動條件從來不會完全成熟，我們必須服從干預的迫切性，等待與盤算的時間從來都是不夠的，行動必須對自身的風險與確定性有所預期，它將以事後追溯的方式創造自身成立的條件），同時也是"過晚"的（因為行動的迫切性預示着我們已經太晚了，我們總是本該已經行動；可以說，每一個行動都是對某個周遭境況的反應，而那種境況之所以會產生，恰恰是因為我們行動得太晚）。簡言之，從來不會有行動的所謂恰當時機 —— 如果我們一直等待這個時機的到來，那麼行動就會縮減為事物尋常秩序中不起眼的小事情。

正是因為這種時間上的複雜性，在黑格爾那裏，一切事物都是事件性的。事物是其自身的生成過程（事件），這種過程性使其非實體化了（desubstantialize）。因此，精神自身是被徹底非實體化了的，它既不是自然在積極意義上的反作用力，也不是一種能夠漸漸打破庸鈍自然物的另一種存在，相反，精神無非只是那個"解放自身"的過程。在此，

黑格爾明確否認了把精神視作過程背後某種積極意義上的行動者的觀點:

> 精神通常被說成是有所行動,且與其所做之事區分開來的主體,這種主體往往有運動,而它的行動也或多或少帶有偶然的因素……精神的本質就在於這種絕對的活力,就在於這個以自然性與直接性出發,從而揚棄與脫離自然性,最終返回並解放自身的過程;只有當其作為自身的產物而回歸自身之時,精神才能成為它本身;精神的現實性無非意味着,它使自身成為其所是的。[23]

在路德維希·費爾巴哈與青年馬克思那裏,黑格爾的學說以一種唯物主義的方式被顛倒過來。他們反對黑格爾那裏精神自我指稱的循環性,認為這只是唯心主義的神秘化技倆。在費爾巴哈和馬克思看來,人類僅僅是一個能夠通過實現自身"本質力量"而維持生存的"類本質"(Gattungswesen)。因此黑格爾意義上的事件在此破滅,於是,我們重又回到了亞里士多德具有本質屬性之實體的存在論那裏。

---

23 G.W.H. Hegel, *Philosophie des subjektiven Geistes*, Dordrecht: Riedel, 1978, pp.6-7.

第五站：精神分析三事件

　　在《拱廊街計劃》中，沃爾特・本雅明[1]引述了法國歷史學家安德烈・蒙朗（André Monglond）的一句話："過去在文本中留下了自身的影像，就像物件被光線映射到感光底片上的影像那樣。而那能夠完美地將這些影像沖洗出來的工人，只有在未來才能找到。"[2]本雅明之所以提及指向未來的過去之文本，並非意在客觀中立地討論文本間複雜的相互關係問題，相反，他要以此論述一個基本觀念，即：革命行動乃是對以往失敗的行動在回溯意義上的救贖：

　　　過去都伴隨着時間的指號，它指稱着救贖。在過往

1　沃爾特・本雅明（Walter Benjamin，1892-1940），德國哲學家、文藝理論家，他試圖把馬克思主義與猶太彌賽亞的思想結合起來。

2　Benjamin, *The Arcades Project*, Cambridge, Mass.: Belknap Press, 1999, p.482.

世代與當前世代之間，有一個秘密協定。我們的降生早已被期待。就像我們之前的每一個世代那樣，我們被賦予了屬弱的救世權柄，這個權柄屬於過去。[3]

　　這段文字最先讓我想起的是莎士比亞，他那預知後世的能力，幾近匪夷所思。早在彌爾頓《失樂園》裏撒旦的那句："惡，你可成我的善？"（Evil, be thou my Good？）之先，莎士比亞就在《泰特斯·安特洛尼克斯》中，借艾倫的臨終辭，道出了這魔鬼之惡："若我一生曾有一件善行，/ 我的靈魂猶悔之不及。"[4] 理查德·瓦格納在《特里斯坦》最後一幕中讓視聽融為一體，以此成就現代主義的標誌性時刻（即垂死的特里斯坦聽到伊索爾德的聲音的那個時刻），但莎士比亞早已在《仲夏夜之夢》中營造出類似的效果，在該劇第五幕第一場中，波頓／皮拉摩斯說道："咱瞧見一個聲音；讓咱去望望，/ 不知可否聽見提斯柏的臉龐。"（《李爾王》中那句"用你的耳看"也有類似意境）。同樣在《仲夏夜之夢》第五幕第一場中，忒修斯的下面這段話，則給出了極富現代性的詩歌定義：

　　瘋子、情人和詩人，

3　Benjamin, *Illuminations*, New York: Schocken Books, 2007, p.254.

4　然而，當莎士比亞在《科里奧蘭納斯》中寫道："病人的食慾，要的愈多，罪就愈大"時，其中的雙關性就很顯著了。這描述的既是自我毀滅的惡，同時也是那種過分關注善而忽視了自身健康的惡。

都是幻想的產兒：

瘋子所見的鬼，多過地獄所能容納；情人，同樣瘋狂，

能從埃及人的黑臉上看見海倫的美貌；

詩人的眼睛在神奇的狂放的一轉中，

便能從天上看到地下，從地下看到天上。

想像使無名之物具有形式

詩人的筆給了它們如實的貌態，

空虛的無物也有了居處和名字。

強烈的想像往往具有這種本領，

只要領略到些許快樂，

就會相信那背後賜予的人；

夜間一轉到恐懼的念頭，

灌木便會變成一頭熊。

事實上，正如十九世紀象徵主義詩人馬拉美所言，詩歌談論的是那些能讓虛無引以為榮的獨一無二的東西。更確切地說，莎士比亞在此描繪了三類人：瘋子能在任何地方看到惡（他會把灌木看作一隻熊）；情人能從相貌平平的臉上看到驚世駭俗的美；詩人則能讓"空虛的無物也有居處和名字"。在這三類人身上，我們看到了那個介於日常現實與超凡之物之間的鴻溝，這個鴻溝在三個人那裏是依次縮小的：瘋子僅僅錯把真實的物體當作了另一種東西，他看不到它原本的樣子（灌木叢被當成了熊）；情人能看到愛人的真實面貌，但這個面貌"化為了異質"（transubstantiated），進入了崇高之物

的維度（我看到的是愛人真實而平凡的臉，但她被如此地提升，以至我在其中如其所是地見到了美）；但是在詩人那裏，超越之物卻被歸於虛無，換言之，在詩人眼裏，經驗現實也"化為了異質"，但不是變為某種更高實在的表現或物質化，而是成為虛無的物質化。瘋子能見到神，因為他把凡人誤認作了神（或魔鬼）；情人則在其所愛的人那裏看到了神（神性的美）；而詩人卻只在虛無的背景上看到凡人。[5]

莎士比亞對於瘋子、哲人與詩人三者的説法，或許對我們理解拉康對於事件的分類有所幫助。在拉康看來，事件可分成三類：想像的事件、象徵的事件與實在的事件。瘋子生活在想像的維度中，他把現實與想像混為一談；情人將他所愛的人與絕對物等同起來，因為他在能指與所指之間發生了象徵性的短路，維繫着那個永遠區隔着情人與其所愛之人的鴻溝（情人並非不知道他所愛的人事實上也是個普通人，也有其弱點與短處）；而詩人則能使現象出現在實在的虛空背景上。

拉康認為，想像、象徵與實在構成了人類棲居的三個基本維度。想像之維是我們關於現實的直接生活經驗，同時也

5 這個論證的第二部分帶有尼采的風格而稍顯無趣，其最後兩行例外（那個標誌性的睿智：恐懼讓你看到了不存在的東西，他使你將夜裏的灌木當成了熊），但前面幾行更加準確：想像力能使一種屬性（特徵、情緒）更加充實，因為它使我們想像那屬性的承載者與原因。

是我們的夢境與夢魘，它是事物向我們呈現的表象之域。象徵之維正是拉康所謂的"大他者"（big Other），它是構成我們現實經驗的隱形秩序，正是其中由規則與意義結成的複雜網絡，才使我們以自己所看的方式看到所看的對象（或者以自己所不看的方式忽視那些不可見之物）。實在之維不僅僅包括外在現實世界，它還涵蓋了拉康所說的"不可能之物"，即那些既不能被直接經驗到，又無法被象徵的東西，就像一次極端暴力所帶來創傷性遭遇，這種遭遇往往撼動了我們的整個意義宇宙。究其本質，實在之維只能通過其痕跡、結果以及延遲效應來加以辨認。

三個維度的說法絕非拉康的獨創，事實上，卡爾·波普（1902—94）的"第三世界"理論（亦即波普為象徵之維所起的名字）[6]，給出了三維度說的另一個版本。波普注意到，我們通常將所有的現象分為兩類，即：外部的物質實體（從原子到你的雙手、桌椅等）與我們內部的精神實體（情緒、願望、體驗等），但這種界分是不充分的。例如我們的觀念並不僅僅發生在心靈之中，它們還指稱着那些獨立於我們思想的對象（如果我和同事都想到了 2+2=4，我們便是在想着同一件東西，儘管從物質意義上說，我們的想法並不是同一的；如果一羣人在對話中都提到了三角形，他們所想的在一

6　Karl Popper, *Objective Knowledge*, Oxford: Oxford University Press, 1972.

定程度上也是同樣東西）。當然，波普並不是觀念論者，在他看來，觀念並不獨立於我們的心靈而存在，它們是心靈運作的結果。不過，我們卻無法將觀念全然還原成心靈，它們擁有一種最低限度的觀念客觀性。正是為了把握觀念對象的領域，波普提出了"第三世界"的概念。這個概念在一定程度上對應於拉康那裏的"大他者"。但我們不應被此處的"秩序"一詞所誤導，拉康的象徵性秩序並非由觀念的範疇與規則組成的固定網絡。當代主流的解構主義／女性主義對拉康理論的批判，往往針對的是其論述中隱含着的規範內容，例如，拉康的"父親之名"概念（亦即管制兩性差異的象徵性法律的執行者）被認為是引入了一種帶有兩性標準並且排斥邊緣立場（例如同性戀與變性人）的規範，即便這種規範從未完全實現；並且批評者還指出，這種規範顯然是在歷史中形成的，與拉康所聲稱的不同，它們並非人類的普遍特徵。然而，這番對拉康的指摘，是論者混淆了"秩序"一詞與"象徵性秩序"這個短語而造成的：

> "秩序"，就這個詞的合理意義而言，指的只是特定的領域，它並不涉及某種需要尊重與服從的秩序，更與任何要遵守的觀念或要達成和諧狀態毫不相干。拉康意義上的象徵物，指的無非是那在語言與性的交匯處浮現出來的本質上的無序。[7]

7　François Balmès, Structure, *logique, aliénation*, Toulouse: Érès, 2011, p.16.

因此，拉康那裏的象徵性秩序本質上是不自洽和錯誤的，它帶有一種拒斥而封閉的對抗性，它是由欺騙性的虛構物所組成的秩序。在拉康看來，正是在對這種不自洽性的解釋中，想像、象徵與實在這三個維度才構成了彼此扭結着的世界，這就像埃舍爾名為《瀑布》的畫中，那永恆下瀉而又循環不止的水流。在此，我們的問題是：這三個維度分別對應着哪種事件？想像的事件、實在的事件與象徵的事件又分別是怎樣的？這個問題是如此廣大，我們無法在一站中觀其全貌，於是筆者將這個問題分成了以下三個轉乘站。

轉乘站 5.1 —— 實在：直面事物

日語裏有個詞叫 bakku-shan，意思是"從後面看驚豔動人，正面卻相貌平平的姑娘"。數千年的宗教史（尤其是當代的宗教經歷）給我們的一個教訓就是，在某種意義上，神本身也是 bakku-shan。當我們從遙遠的身後仰望祂時，神顯得至高無上；然而一旦與神離得太近，一旦我們要與神照面，信仰的喜樂便會轉而成為恐懼。拉康說，眾神屬於實在，他所指的正是神性的這個破壞性面向，亦即這種交雜着神馳的喜悅與炸裂的狂怒的混合物。在這個意義上，與神聖之物的創傷性遭遇，構成了作為實在的事件。

猶太教的問題恰恰就是：我們如何能與瘋狂的神性以及作為實在的神保持距離？猶太教的神永遠殘暴而瘋狂，而信徒面對這個神性面向的姿態卻是可變的，如果我們離神太近，"耶和華的榮耀"便會"形狀如烈火"（出埃及記 24：17）。這也正是為甚麼眾猶太人要對摩西説："求你和我們説話，我們必聽，不要神和我們説話，恐怕我們死亡。"（出埃及記 20：19）既然如此，倘若像伊曼努爾·列維納斯[8] 所推測的那樣，《聖經》裏"不可殺人"的誡命最終是向神自身説的，那麼作為脆弱的凡人，我們若與神為鄰，豈不就成了神性狂怒的目標？在舊約裏與神的多次遭遇中，神就像是粗暴地闖進並破壞了我們生活的陰暗的陌生人：

> 摩西在路上住宿的地方，耶和華遇見他，想要殺他。西坡拉就拿一塊火石割下他兒子的陽皮，丟在摩西腳前，説：你真是我的血郎了。這樣耶和華才放了他。西坡拉説：你因割禮就是血郎了。（出埃及記 4：24-26）

列維納斯曾説，我們見到鄰人的第一反應就是要殺死他。這句話所暗指的，不正是神與人的關係嗎？"不可殺人"的誡命，不正是向神的呼告，好讓祂平息憤怒嗎？對此，猶太教的解決方案，是給出一個死去的神，這個神僅以聖經中"僵死文字"與律法的形式存在，而與神之死一同死去的，還有那個屬於實在的，象徵着毀滅、暴怒與復仇的神。有一

8　伊曼努爾·列維納斯（Emmanuel Levinas， 1906-1995），法國哲學家、猶太神學家。他致力於我們對他者之責任的道德論題的研究。

本著名的關於大屠殺的書,題為《神在奧斯維辛死去》(*God Died in Auschwitz*),但情況恰恰相反,神正是在奧斯維辛復生。《塔木德經》裏有説到一個故事,兩個拉比正爭論一個神學問題,那個辯論失敗的拉比轉而呼告神的仲裁,而當神真的出現時,另一個拉比告訴神説,既然神已完成了創世,祂就應該無話可説並離開這裏,於是神果真就離開了。而在奧斯維辛,神卻帶着災難性的後果重新歸來。可以説,真正的恐怖並不是我們被神拋棄的時刻,而恰恰發生在神與我們靠得太近的那一刻。歐里庇得斯的最後一部劇作《酒神的伴侶》(*The Bacchae*)則給出了與神相遇的另一個例子:由於害怕酒神放蕩的狂舞,年青的底比斯國王彭透斯禁止他的臣民敬拜酒神。於是惱怒的酒神把彭透斯帶到了附近的神山,在那裏,彭透斯的母親阿高厄和其他底比斯的女子發狂般地把彭透斯撕成了碎片。

近來,尤爾根・哈貝馬斯也簡要地談到了這個悖論,他説:"世俗語言消除了那些曾經被樹立起來的實體,因此變得令人不安。當原罪(sin)被轉換成了罪責(culpability),當對神之誡命的違背變成了對人之律法的觸犯之時,我們已經失去了某些東西。"[9] 這也正是為甚麼世俗的人道主義者對大屠殺或古拉格的反應往往讓人覺得不夠充分的原因:為

9　Jürgen Habermas, *The Future of Human Nature*, Cambridge: Polity Press, 2003, p.110.

了能進入到這些現象的層面，我們需要一些更強有力的東西
——就如同古老宗教裏關於讓世界分崩離析的大災難那樣。
當直面大屠殺這類的現象，我們最恰當的反應便是這個令人
惶惑的問題："為甚麼天堂不變得黑暗？"（這也正是阿諾·
梅耶那本相關著作的書名）。在這個詰問中，大屠殺神學意
義上的悖論表露無餘。儘管大屠殺這個事實本身通常被視
作對神學的終極挑戰（如果神存在，如果神是善的，袖怎會
容許如此令人髮指的事情發生？），但與此同時，恰恰也只
有在神學那裏，我們才能獲得藉以評估這場災難的認知架構
——畢竟，神的潰敗是以神的存在為前提的。

面對離神過近的危險，猶太教給出了獨特的解決方案：
在其他異教那裏，眾神是活着的；而猶太教徒則給出了對於
神之死的描述，猶太聖經中就有多處文本，表明他們意識到
了神的死。回想一下前面提到過的那個讓神閉嘴的拉比：當
時兩個拉比為了一個神學問題爭論不休，直到其中一人呼告
上天："蒼天有眼，律法應該是據我判斷的那樣理解。"這
時，上面傳來一個聲音，贊同這個拉比的意見；但另一個
拉比站起來對着天上說，即便是上天的意見他也不能接受：
"哦，我的神，你長久以前就已在西奈定下了誡命，說'不
可從眾'。"於是神不得不同意，袖連連說道"我的子民已
打敗了我！我的子民已打敗了我！"，隨後就離開了。相似
的敍述也出現在巴比倫《塔木德經》（中門書 59b），但在那
裏，故事的情節發生了尼采式的改變，神笑着接受了自己的

失敗：拉比內坦遇到了先知以利亞，問以利亞"神現在在做甚麼呢？"以利亞回答說："祂正（欣然地）笑着說'我的子民已打敗了我！我的子民已打敗了我！'"這個故事最顯著的特徵，並不在於它用神的笑替代了前個版本中悲傷的抱怨，而在於故事中智者（顯然，智者代表着大他者與象徵性的秩序）以論辯勝過神的方式。即便是神自身這個絕對主體，在大他者面前也會失去中心地位，這意味着，一旦誡命被書寫下來，即便是神也無法更改它們。這樣一來，我們就不難想像為甚麼神會欣然接受自己的失敗了：因為智者學到了神之死的教誨，而真理則寓於律法的僵死文字之中，這些文字已經超出了神的掌控。簡單地說，一旦創世宣告結束，神便失去了干預人世如何解釋律法的權利。

不過，活着的神仍將繼續着祂的隱秘生活，並且會不定期地以各種形式造訪人間，所有這些形式都是可怕之物的偽裝 —— 這類敍事也延續到當今的通俗文化中。尼瑪·諾里扎德（Nima Nourizadeh）2012 年的影片《派對 X 計劃》（Project X）就講述了一個都市傳奇誕生的故事：托馬斯就要 17 歲了，他的好朋友科斯塔和 JB 打算在托馬斯家中舉辦一個巨大的生日派對，以便提高托馬斯在同學間的人氣。托馬斯父母週末要出遠門，臨行前給托馬斯定下了生日派對的規則（家中人數不能超過五個，不准駕駛高級賓士車、不准任何人進入辦公室等等）。

托馬斯起初擔心沒人會來參加派對，直到客人們開着車突然之間同時到來，派對取得了巨大的成功。在派對過程中，事情的發展漸漸失去了控制：派對巨大的規模與聲響使其引來了當地電視新聞的注意，於是新聞直升機在人羣上方盤旋；警察與特警也隨之趕到，準備等派對結束後進屋搜查。這時，有不速之客用噴火槍點燃了樹木以及停車場上的車，頃刻之間，住宅區被火焰包圍，最後消防隊出動了滅火直升機才撲滅火焰。影片結尾，托馬斯的父親用托馬斯的大學學費賠償了派對造成的損失；但他對托馬斯的派對仍然讚許有加 —— 托馬斯在其中展現了勇氣，而此前父親總覺得他是個膽怯的失敗者。父親的承認，正顯示了父親禁令（paternal prohibition）是如何起作用的：

> 事實上，理想父親的形象是一種神經官能幻想。在母親的形象之外……一個對慾望不聞不問的父親的形象變得更加顯著。這標誌着（而非揭示出）父親的真正功能，他從基礎上促成了慾望與律法的統一（而非對立）。[10]

雖然父親禁止托馬斯的出格行為，但他非但謹慎地忽略並容忍了這種行為，而且甚至鼓勵了它。在這個意義上，作為禁令/律法之施行者的父親同時也維繫着慾望/快樂：父親並沒有直接進入這種享樂的機會，因為他帶着控制性的

10　Jacques Lacan, *Écrits*, New York: Norton, 2007, p.824.

目光形成的空白割開了這個享樂空間。（這不也正是神——我們終極意義上的父親——對我們的態度嗎？第一條誡命說道："在我之前，你不可有別的神。"〔You shall have no other gods before me〕這模棱兩可的"在我之前"究竟所指為何？大多數翻譯者都認為，它的意思是"在我跟前"、"在我面前"，或者"在我看着你的時候"。這似乎微妙地暗示着，如果我們在背地裏這麼做，這個嫉妒的神將對此睜一隻眼閉一隻眼。打個比方，神就像一個善妒的丈夫，卻告訴妻子說："你可以和別的男人勾搭，但要偷偷地做，這樣就不會被我撞見讓我蒙羞！"）這正從反面證明了：父親能夠為營造可行的享樂空間起到構成性的作用。父親的這種角色，也成為當前放任溺愛現象的癥結所在。作為主人／專家的父親非但不再禁止享樂，而且往往囑咐孩子的享樂行為（諸如"性愛有益健康"之類），而這恰恰破壞了其中的樂趣。

　　那麼，父親的形象與那個他物（Thing）有怎樣的關聯？父親的象徵性權威使得與他物的遭遇被正常化了。通過給出調節社會交互性的律法，父親往往會容忍與他物的不定期遭遇。但更重要的是，片中的派對有着一種近乎神聖的特性：當事態漸漸失去控制，整個派對變成了一場集體的神聖體驗，派對的花銷如同喬治・巴代伊[11]所謂的"一般經濟"那樣

11　喬治・巴代伊（Georges Bataille，1897-1962），法國哲學家、人類學家。研究性、暴力與犧牲等論題。

毫無節制，它是一場當代的酒神節狂舞。在此，原先低俗愚蠢的青少年派對轉化為它的對立面，它成了一種全新形式的神聖物。當然，此處的主旨並不是要讚美狂野的派對，而是要揭示出神聖之物自身的兩重性。俄國電影導演謝爾蓋·愛森斯坦認為，作品感染力的營造，不僅是個內容問題，更是一個結構問題。他的影片《總路線》（又名《舊與新》）中有個描述集體農場成功測試新型乳脂分離機的場景，畫面中，農民欣喜若狂地看着白色的液體從機器裏流了出來——在此，機器具有了聖杯式的魔力，它"強化"了農民的情感。[12] 正是以同樣的方式，《派對 X 計劃》中庸俗的青少年派對被"強化"成為一場神聖的狂舞。

這種"強化"的更加極端的情況，則發生在 2012 年的流行音樂界：那就是韓國歌手 Psy 的歌曲《江南 style》。這首歌風靡了全球，驅使聽者進入一種集體迷幻狀態，數萬人叫嚷着，以整齊劃一的節奏跳起曲子裏的騎馬舞，其強烈的情感為早期披頭士樂隊所未見，這些使得 Psy 如同新時代的彌賽亞。就音樂來說，《江南 style》是糟透了的迷幻舞曲，其中充滿了電腦合成的單調而機械化的旋律（歌手 Psy 的名字顯然是 "psytrance"（迷幻舞曲）一詞的簡寫）；《江南 style》與眾不同之處，就在於它以獨特的方式，將集體迷幻

---

12 Sergei Eisenstein, "The Milk Separator and the Holy Grail," in *Non-Indifferent Nature*, Cambridge: Cambridge University Press, 1987.

與自我反諷結合在了一起。其中的歌詞（以及音樂視屏的佈景）顯然是對空虛無意義的江南風（名字來自首爾的一個時尚區）的嘲諷，有些論者指出歌詞中微妙的顛覆性。但無論如何，我們已經在愚蠢的交響曲節奏中進入迷幻，並以純粹摹仿的方式參與其中，於是快閃族開始在全世界各個角落模仿音樂視頻中的場景。這裏還有一個消息：《江南 style》已經超過了賈斯汀·比伯的歌曲《寶貝》，成為 Youtube 史上觀看次數最多的視頻。2012 年 12 月 21 日，《江南 style》的點擊量超過了 10 億次——巧合的是，2012 年 12 月 21 日正是瑪雅曆所預測的世界末日，在某種意義上瑪雅神説得不錯：《江南 style》視頻的風靡正是文明崩塌的預兆……

反諷式的距離感非但沒有削弱《江南 style》中的意識形態，反而增強了它。在拉爾斯·馮·特里爾的影片《乘風破浪》（Breaking the Waves）中，反諷起到了相同的紀錄片式的作用，導演採用的那個緩和的偽紀錄片形式，使片中過量的內容變得明晰可見。在相同的意義上，《江南 style》用自嘲的方式襯托出鋭舞音樂的愚蠢樂趣。在許多聽者那裏，這曲子有着令人作嘔的吸引力，也就是説，他們"樂意討厭它"，或者換個説法，聽者恰恰享受發現這個曲子是令人厭惡的這個過程，他們將其一遍遍反覆播放，以便延長這種厭惡。在此，主體神馳般地屈從了愚蠢而猥褻的歡爽，從而陷入了拉康（在佛洛伊德的基礎上）所謂的"驅力"（drive）之中；用更範式性的表述説，欣賞這首歌曲形成了某種令人反感的私有儀式（就像聞自己的汗味，或用手指摳鼻子那樣），這些儀式在無意識中帶來了強烈的滿足感——當意識到它時，我們甚至無法停下來不去做它。在安徒生的童話《紅舞鞋》裏，貧窮的小女孩在穿上了具有魔力的紅舞鞋之後就不停地跳舞，直到奄奄一息，後來一個劊子手用斧子砍去了女孩的雙腳，這才救了女孩一命。那雙被砍下的穿着舞鞋的腳仍然還在跳着舞……最後，女孩安上了木製的義肢，並在宗教那裏找回了平靜。這雙舞鞋正代表着純粹的驅力：它是作為非個人的意志而存在的"不死"的局部物件——這雙鞋"渴求"着，它只有在不斷重複的動作（舞蹈）中才能持存，為了強行滿足自身的慾望，它不惜一切代價，無論穿鞋之人是死是活。在主體內部，驅力"比自身更加豐富"，儘管主體無法將這種驅力主觀化，但他總是假定這驅力是屬於其自身的，他會説："想要做這件事的是我"，然而，主體的核心恰恰受着驅力的操縱。

在拉康看來，這種危險的狂熱有昇華的可能性；這也正是藝術與宗教的終極意義所在。只有當音樂不再作為猥褻的歡爽縈繞着主體，不再迫使主體盲目屈從於厭惡的節奏之時，音樂才會轉化為愛的符號，也只有在此刻，愛才能作為對（在其最徹底意義上的）他者的接受，從音樂之聲中流露出來。正如拉康在《討論 XI》（*Seminar XI*）的末頁所説，這種愛超越了律法。但我們在此應該澄清的是：超越律法的愛指的並不是那位於一切象徵性體制座標之外的狂野之愛（就像卡門説的"愛像叛逆的小鳥");它的意思其實恰恰相反。這種愛的目光是冷漠的,它指向的不是其對象,而是指向所愛對象的肯定性屬性:"我愛你,因為你有漂亮的鼻子和吸引人的大腿"這樣的説法是先天的偽命題。愛與宗教信仰並無不同:我愛你並不是因為你身上吸引人的肯定性特徵,恰恰相反:我之所以覺得你的肯定性特徵是吸引人的,那是因為我愛上了你並以愛的目光凝視着你。

2012 年的諾貝爾經濟學獎被授予阿爾文・羅斯(Alvin Roth)與勞埃德・夏普利(Lloyd Shapley),以表彰這兩位經濟學家對"匹配理論"的貢獻。簡單地説,這個理論處理的是當你不是唯一的選擇方時,你將如何選擇的經濟學問題。羅斯在接受採訪時説:"(人們)對學校、職業與婚姻等的選擇都構成了匹配市場。在其中,你不能隨心所欲地進行選擇,因為你自身也要被他人選擇。匹配理論的作用在於,你可以通過它定義一種關係。"這段話中的關鍵,就在於"定義一種關係":匹配理論試圖通過一系列公理和公式來解釋成功的戀愛關係是怎樣的。然而,戀愛關係是否與器官捐獻者與接受者之間的關係相同?它又能否與求職者與僱主間的關係等量齊觀?這其實是個並不關乎道德尊嚴的內在邏輯問題:當你墜入愛河之時,你並不是先知道你想要(需要)的是甚麼特性,然後再尋找有這些特性的人;恰恰相反,愛的"奇跡"就在於:只有當你找到它的時候,你才知道自己想要的是甚麼。

上述這些，與性愛中的事件有着怎樣的關係？在法國電影導演凱薩琳・布蕾亞（Catherine Breillat）的影片《羅曼史》（*Romance*, 1990）中，有一幕場景就完美地演繹了愛與性之間的這種徹底分裂：女主角想像自己赤裸地俯臥在矮桌子上，她的上下半身之間被一個擋板隔開。在上半身部分，她正與一個英俊男子親昵地談話和接吻，而與此同時，她的下半身卻正經歷着激烈的性交過程……真正的奇跡就發生在上下兩部分身體取得一致的那個瞬間，在那個時刻，性行為"化為異質"，成了愛的行動。面對愛與性的享樂的這種既真實又不可能的結合，有以下四種否認的立場：（1）對於無性的純粹之愛的讚美：在其中，對所愛對象的性慾恰恰表明了愛的虛偽性；（2）反過來聲稱，激烈的性行為才是"唯一實在之物"，並把愛還原成假想的誘惑；（3）將愛與性兩者分開，它們分別屬於不同的人 —— 前者屬於深愛妻子（或理想中那個無法得到的愛人）的丈夫，後者則屬於和"庸俗"情婦交歡的人；（4）主張兩者之間的虛假的融合，激烈的性行為被認為是對伴侶"真愛"的體現，就彷彿為了證明雙方的愛是真實的，每一次性行為都必須無比深刻認真一樣。上述這四種姿態都是錯誤的，它們逃避承認性與愛之間既真實又不可能的結合；在這些立場看來，真愛是自足的，它使性變得無關緊要。然而，恰恰是由於性"根本無關緊要"，我們才能夠全然享受性行為帶來的快樂，而無需承擔超我（superego）帶來的壓力。頗為出人意料的是，這番討論讓筆者想到了列寧。1916 年，列寧的（前）情人伊涅薩・阿曼德（Inessa Armand）在給他的信中認為，即使是稍縱即逝的激情，也比男女間沒有愛的吻更加純潔，也更有詩意。對此，列寧回信說道：

> 庸俗夫婦之間沒有愛的吻是不潔的，這我同意。但這應當與甚麼相對照呢？……我想應該是帶着愛意的吻。但你把它和稍縱即逝（為甚麼是稍縱即逝的？）的激情（為甚麼不是愛？）相比──從邏輯上說，你就彷彿是把（稍縱即逝）的無愛之吻與物質意義上的無愛之吻相對照……這說不通。[13]

人們往往將列寧的這番回答，視作他在愛情問題上的小資產階級局限性，這與他早年和阿曼德的關係痛苦經歷有關；然而這番話背後隱含着更多深意。這裏的一個真正洞見在於：物質意義上的"無愛之吻"與非物質意義上的"稍縱即逝的愛意"乃是一枚硬幣的兩面──它們都在避免將充滿激情的無條件依戀的實體，與象徵性宣言的形式結合起來。在此，列寧道出了深刻的真相，但這並不是在為了防止性濫交而傾向於"正常"婚姻這個保守意義上說的。他這番話背後的深刻見解在於，儘管表面上看並非如此，但愛與性不但是有差別的，而且二者在根本意義上乃是相互排斥的，就像

---

13 Robert Service, *Lenin*, London: Macmillan, 2000, p.232.

聖潔之愛與情慾之愛那樣，性與愛處於全然不同的層面：愛充滿善意，自謙自卑；而性卻是強烈自大的，它有着攫取一切的內在衝動（也可以反過來說，愛有着強烈的佔有慾，而性的歡愉則慷慨地令人沉溺）。然而，當這兩個序列（在極罕見的情形下）之間達成短暫的一致之時，當性"化為異質"而成為愛的行動之時，真正的奇跡就會發生，這是拉康意義上的既實在又不可能的成就，也是一個本質上的罕見狀態。如今，傳統性愛的三個維度（繁衍、性的快樂以及愛情）之間的隔閡已然逐漸消解：繁衍的任務被留給了遺傳生物學，這使性行為在繁殖的意義上變得多餘；性本身變為一種娛樂方式；愛情則被還原到"滿足情感"的層面。在這種狀況下，意識到上述奇跡時刻的存在就顯得尤為珍貴，因為在這個時刻，性愛三大維度中的兩個仍能彼此重合。換言之，在這一刻，性的歡爽變成了愛的徵兆。事實上，只有在這罕見的一刻，性的行動才得以轉變為真正意義上的事件。

轉乘站 5.2 —— 象徵：新的和諧

你的手指在鼓上一鼓，樂聲紛紛散開，開始了新的和諧。
你邁進一步，就有新人崛起，向前奮進。
你的頭一轉：新的愛情！你的頭轉回來：新的愛情！
"改變我們的命運，戰勝我們的災難吧，從今開始。"
孩子對你唱道。"提升我們的命運和心願吧，無論到達怎樣的高度。"人們向你祈求。

你隨時降臨，遍及各處。

　　阿蒂爾·蘭波的這首《致一種理性》，為我們提供了關於象徵性事件最簡明的判別，那就是主能指（Master-Signifier）的浮現。這個事件性的時刻正是能指（那表徵着意義的物理形式）墮入所指，墮入其意義的那個時刻，在這一刻，能指成為其所指涉對象的一部分。讓我們不妨想像一下：在紛繁蕪雜的社會中，不同的羣體有着各自不同的期許、願景與夢想；有些行動者能夠成功地將這些差異歸攏到一個主能指的旗幟之下，該能指並非消除這些差異，而是突顯了這些差異背後的共通之處。例如，這個主能指可以是"團結"：無論是在失業的工人、保守的農民，還是在困頓的知識分子乃至警察和軍人那裏，"團結"這個詞都有各自不同的含義；與此同時，該能指所帶來的那個統一性的社會契約，則並不是虛幻的，換言之，它並非一副用於掩飾實際差異的假想面具。隨着這個能指被施行而成為現實政治運動（這種運動甚至最終取得了權力）的焦點所在，它也建立了屬於自身的社會現實：儘管人們的活動似乎都是為着各自的目的，但彼此間已然形成了卓有成效的合作。誠然，某些羣體可能會帶着嘲諷使用這個能指，但這已無足輕重，因為真正重要的是：這些羣體本身也參與到了這個旗幟之下的社會—象徵空間之中。在對 1848 年法國革命熱潮消退時期執政的"秩序黨"的分析中，馬克思道出了這種能指背後的秘密：

隨着奧爾良派與保皇派公開聯合組成一個政黨，資產階級分裂成兩個派系——大土地所有者支持復辟的舊王朝，而金融貴族與工業資產階級則是七月王朝的擁護者，兩個派系輪流執政，壟斷了政權。一個派系被稱為"波旁派"，另一個則是"奧爾良派"。在共和國那些沒有名稱的領域中，這兩個派系勢均力敵，它們既相互競爭，又有着共同的階級利益。[14]

在秩序黨的國會論辯中，國會成員往往在台面上採用共和主義的托詞，他們還會時不時説漏了嘴，表露出對共和制的揶揄，顯出復辟君主制才是他們的真正目標。但秩序黨人自身並沒有意識到他們的執政所帶來的真正社會影響：他們無意間恰恰為其所敵視的資產階級共和制的建立創造了條件（例如，通過立法保障私產安全等）。可以説，秩序黨人並不像他們自身所認為的那樣是帶着共和面具的保皇派；恰恰相反，他們"心中"的保皇信念，反倒是掩蓋其真正社會角色的偽裝。簡言之，秩序黨人真誠的保皇信念，遠遠不是他們表面共和派面具之下的真實身份，相反，這種信念幻想般地成就了實際上的共和思想，因為這信念給了他們行動的熱情。在這個意義上，秩序黨人的論辯不正是共和派偽裝的偽裝嗎？也就是説，虛假的論辯反倒揭示了他們的真實身份。

14　Karl Marx and Friedrich Engels, *Selected Works*, Vol. 1, Moscow: Progress Publishers, 1969, p.83.

這種指號的逆轉（亦即主能指的施行）並非外在於被指涉的物件：當主能指被施加在物件上時，它同時也給物件加上了一種不可知的特性，就彷彿這種特性就隱藏在該物件屬性的源頭似的。想像一下將一個國家的名稱作為主能指的狀況：如果我們問相應國家的國民："成為美國人 / 俄國人 / 英國人到底意味着甚麼？"他們的回答從來都不僅僅是一系列可觀察的屬性，相反，他們往往會說："使我們成為美國人 / 俄國人 / 英國人的，是那些涵蓋了所有可觀察特徵的神秘的東西；那是外國人無法領會的。為了體會這種感覺，你必須成為我們中的一員！"事實上，這個無法名狀的神秘 X 似乎位於比語言更深的層面，它正是語言相對其物件的冗餘性所造成的結果。

當某個言語行動的發生重構了整個場域，這個言語行動就成了一個事件，儘管這個過程沒有出現新的內容，但一切都在某種程度上與之前不同了。吉爾・德勒茲在對"純粹過去"概念的討論中，提到了這方面的問題：所謂"純粹過去"，指的並非當下之物所穿越和經歷的那些過往，它是一種絕對意義上的過去，"所有的事件，包括那些已經消失無痕的東西，都在其逝去之際被記憶與貯藏在此"[15]；那是一個已然包括了所有仍在之物的潛在過去。當下之所以會成為

---

15 James Williams, Gilles Deleuze's Difference and Repetition: *A Critical Introduction and Guide*, Edinburgh: Edinburgh University Press, 2003,p.94.

過去，恰恰是因為在某種意義上，它早已成為了過去——它能將自身看作過去的一部分（"我們所做的就是〔將已經成為〕歷史"）："正是由於這被視作普遍與先驗過去的純粹要素，某個此前的當下才成為可重現的，而此刻當下才得以反映自身。"[16] 這種純粹過去是否意味着徹底決定論的世界，在其中，任何要發生（到來）的事物，連同一切真實的時空佈局，都已然成為那個既非物質又非時間的潛在網絡的一部分？筆者的答案是否定的，因為"一方面，純粹過去必定是過往的一切，但另一方面，它也必須隨着新的當下的發生而改變"。[17] 傑出的保守主義者 T.S. 艾略特，首次闡明了對傳統的依賴與改變過去的能力之間，有着怎樣的關係：

> 它含有歷史的意識，……不但要理解過去的過去性，而且還要理解過去的現存性，歷史的意識不但使人寫作時有自己那一代的背景，而且還要感到從荷馬以來歐洲整個的文學及其本國整個的文學有一個同時的存在，組成一個同時的局面。這個歷史的意識既是永久的意識也是暫時的意識，也是永久和暫時的合起來的意識。正是這個意識使一個作家成為傳統性的。同時也使一個作家敏銳地意識到……自己和當代的關係。詩人，

---

16 Gilles Deleuze, *Difference and Repetition*, London: Continuum Books, 2001, p.81.

17 Williams, *Gilles Deleuze*, op. cit., p.96.

任何藝術的藝術家，誰也不能單獨的具有他完全的意義……你不能把他單獨的評價，你得把他放在前人之間來對照，來比較。我認為這不僅是一個歷史的批評原則，也是美學的批評原則。現存的藝術經典本身構成一個理想的秩序，這個秩序由於新的（真正新的）作品被介紹進來而發生變化，這個已成的秩序在新作品出現以前本是完整的，加入新花樣以後要繼續保持完整，整個的秩序就必須改變一下，即使改變得很小……因此每件藝術作品對於整體的關係、比例和價值就重新調整了；這就是新與舊的適應……誰聽到說過去因現在而改變正如現在為過去所指引，就不至於認為荒謬。[18]

當艾略特說，評價詩人"必須把他放在前人之間來對照"時，他給出了德勒茲純粹過去概念的一個準確例子。而在"這個已成的秩序在新作品出現以前本是完整的，加入新花樣以後要繼續保持完整，整個的秩序就必須改變一下，即使改變得很小……因此每件藝術作品對於整體的關係、比例和價值就重新調整了；這就是新與舊的適應"這段話中，艾略特清晰地闡述了過去的完整性與我們（以回溯性的方式）改變過去的能力之間的關係。正是由於純粹過去是完整的，

---

18 T.S.Eliot, "Tradition and the Individual Talent," in *The Sacred Wood: Essays on Poetry and Criticism*, London: Faber & Faber, 1997 (first published 1921). *《傳統和個人才能》此處參考了卞之琳的譯文。——譯註

因此任何新作品的出現，都會使整個平衡發生重新調整。阿根廷作家路易士・博爾赫斯曾談到卡夫卡與其之前的許多作者的關係（從古代中國的作家到詩人羅伯特・勃朗寧），在其中他這樣寫道："這些作品中的每一部，都或多或少地體現出卡夫卡的特質，但倘若卡夫卡從未寫作，我們將無由得知這種特質；換言之，這種特質將不復存在……每個作家都創造着其自身的先驅。他的作品改變着我們對過去的觀念，就像它們改變着未來那樣。"[19] 因此，對於"它是否真的在此源頭之中，抑或我們只是將它讀進源頭之中？"這個兩難問題的確切的辯證回答便是：它就在此處，但我們只能通過回溯，才能以今天的視角感知並陳述它。

在這個問題上，加拿大當代哲學家彼得・霍沃德的《這個世界之外》（*Out of This World*）一書惜乎沒能走得更遠。[20]霍沃德在書中只強調了作為潛在場域的純粹過去，由於"任何事都已被寫入"其中，故而所有真實事件的命運都已先行鎖閉在這個場域；但霍沃德忽視了德勒茲所強調的回溯運動的問題，亦即：那個能夠決定我們世界面貌的永恆的純粹過去，其自身如何因回溯而改變？顯然，在這個論題上讓我們想到了新教關於宿命的信仰，不過在此，宿命並不是一個反

---

19 Jorge Luis Borges, *Other Inquisitions*: 1937-52, New York: Washington Square Press, 1966, p.113.

20 Peter Hallward, *Out of This World*, London: Verso Books, 2006.

動的神學主題,而是唯物主義感覺理論中的關鍵要素。宿命並不意味着我們的命運被鎖閉到一個永存於神聖心靈的真實文本之中,相反,這個先行決定我們命運的文本屬於潛在而永恆的純粹過去,而這純粹過去本身,則可以被我們的行動以回溯的方式重新撰寫。或許,基督道成肉身之所以非凡,其終極意義就在於:這個行動徹底地改變了我們的命運。在基督之前,我們受命運的支配,陷溺在原罪與償罪的循環中不能自拔,而基督對我們既往原罪的赦免,恰恰意味着他的犧牲改變了我們的潛在過去,讓我們獲得了自由。當德勒茲寫下"我的傷口先我而在;我生來就為了做它的具身"時,[21] 這如同《愛麗絲夢遊仙境》中的柴郡貓和牠的笑容(那貓生來就為了做笑容的具身)的説法,不正為基督的犧牲作出了完美的表述嗎?然而,對這句話字面意義的目的論解讀是有問題的:它似乎意味着,某個人的真實行動的目的,僅僅是為了實現他(她)那銘刻在潛在觀念中的(非時間的)永恆命運:

> 凱撒唯一真正的任務,便是讓自己配得上那些其生來就註定要實現的事件。這是命運之愛。無論凱撒真正做了甚麼,都無法改變他的實質。當凱撒事實上跨過盧比孔河之時,這個行動既不用考慮也無需抉擇,因為那只是整個"凱撒特性"的直接體現的一部分,這種特性

---

21 Gilles Deleuze and Felix Guattari, *What Is Philosophy?*, New York: Columbia University Press, 1994, p.159.

能讓那些永遠包含在凱撒這個概念中的東西，在特定的時刻一一展開。[22]

　　然而，我們該如何理解某個姿態以回溯的方式對其過去本身的建構與重構？或許，我們恰恰可以借此為真正的行動給出簡明的定義：在尋常的行動中，我們實際上只遵循我們自身（潛在—幻想）的身份座標；而真正的行動則涉及真實運動的悖論——運動（以回溯性的方式）改變了行動者自身那個潛在的先驗座標，用佛洛伊德的話説：這種運動不僅改變了世界的現實狀況，而且"動搖了它的地下部分"。在真正的行動中，我們帶着反思，"把條件摺疊回以其作為條件的所與那裏"[23]：純粹過去是我們行動的先驗條件，我們的行動不但創造着新的現實，更以回溯性的方式改變着其自身的條件。我們也應當在同樣的意義上解讀黑格爾的那個論題，在辯證發展的過程中，事物"成為其所是的"，這句話並不是説，事物在時間中的變化僅僅是為了實現某些預先存在的、非時間性的概念結構。相反，這種非時間性的概念結構本身，才是偶然性暫時決策的產物。讓我們看一個偶然決策的例子，該決策的結果定義了行動者的整個人生，這就是凱撒跨過盧比孔河的決策：

22　Hallward, *Out of This World*, op. cit., p.54.

23　Williams, *Gilles Deleuze*, op. cit., p.109.

僅僅認為跨過盧比孔河是凱撒的完整概念的一部分是不充分的。更確切的說法是，凱撒恰恰是由跨過盧比孔河這個事實所定義的。他的生活並非按照某個神祇書寫的腳本來行動的過程。事實上，那預先包含了凱撒人生中一切關係的書並不存在。理由很簡單：因為這本書就是凱撒的生活本身，在其中的每個時刻，一個事件在本質上都構成其自身的敘事。[24]

同樣的情形不也發生在愛情中嗎？墜入愛河緣於偶然的相遇，然而一旦愛發生了，它就顯得像是必然的，它宛如我的整個人生所趨向的目標。拉康將這種從偶然性向必然性的逆轉過程稱為從“防止被遺漏”（stops not being written）到“不阻礙被記憶”（doesn't stop being written）的轉變：首先，愛情“防止自己被遺漏”，它在某次偶然的相遇中浮現出來；一旦愛情出現，它便“不阻礙被記憶”，它把愛的功課施加到情人身上，把愛的一切後果持續地銘刻在他／她的存在之中，並以對愛之事件的忠誠為中心，構築起了他／她的愛：

> 從“防止被遺漏”到“不阻礙被記憶”的否定的代替，換言之，從偶然性到必然性，所有連接到愛的懸置點就在此。所有的愛，存在的基礎只是“防止被遺漏”，

---

24 Williams, *Gilles Deleuze*, op. cit., p.87.

都傾向於使否定轉移到"不阻礙被記憶",不停止,不會停止。[25]

在此,偶然性向必然性發生了辯證式的逆轉,也就是說,某個偶然過程的結果成了必然性的表象。在回溯的意義上,事物"將已是"必然的,或者,用迪皮伊的話說,"事件的實現 —— 即它發生這個事實 —— 回溯性地創造了其自身的必然性。"[26] 對此,迪皮伊舉了 1995 年 5 月法國總統大選的例子。法國主要民調機構 1 月份預測說:"如果巴拉杜爾在 5 月 8 日的選舉中獲勝,我們就可以說,這場總統選舉的結果在舉行之前就已經註定了。"如果一個事件(偶然地)發生了,它就會創造一個向前追溯的鏈條,使得其自身的發生顯得不可避免。

這讓我們回到關於象徵事件的特定時間性問題,即那個從"尚未"到"總是—已經"(always-already)的逆轉。形式的改變與物質的改變之間,總是存在鴻溝:事物在物質的層面的改變是逐步的,這種變化藏於地下,就像致命瘟疫般秘密傳播;在鬥爭公開爆發出來之時,鼴鼠已經完成了工作,於是那戰役事實上已經結束。此刻我們唯一能做的,就是提醒那些掌權者認清事實,讓他們意識到自己權力的大廈已然

---

25 Jacques Lacan, *Encore*, New York: Norton, 1998, p.144.

26 Jean-Pierre Dupuy, *Petite métaphysique des tsunamis*, Paris: Seuil, 2005, p.19.

失去了根基，就像紙牌屋那樣隨時可能傾塌。當瑪嘉烈·戴卓爾被問及自己最大的成就是甚麼的時候，她回答說：“一個全新的工黨。”她說的很對，戴卓爾的勝利就在於：連她的政治對手也都不得不施行她的經濟政策 —— 真正的勝利並不是針對敵人的勝利，它發生在連敵人自身都開始使用你的語言的那一刻，因為這意味着，你的觀念構成了整個領域的基礎。發生在約翰·洛克與羅伯特·菲爾默之間的那場 17 世紀的著名辯論，也體現出同樣的特點：菲爾默反對洛克關於人生而平等及天賦人權等啟蒙觀念，相反，他認為：父親對家庭的掌管是一切政府的真正起源。神將權柄傳給了亞當，亞當傳給了挪亞，依此類推……因此，父親對家庭的權威正來自這種絕對權力。在菲爾默看來，由於父權構成了一切國王與領主權威的源頭，因此後者的權力也是絕對與神聖的。然而問題在於，當菲爾默參與到這個理性辯論的過程中時，他事實上已經步入了社會發展的自然歷史的領域，而這個領域正是他的對手洛克所劃定的。關於啟蒙思想的純粹識見對傳統宗教精神的損害，黑格爾曾給出以下這個經典描述：

　　　　因此，純粹識見的傳達可以比為一股香味在暢行無阻的空氣裏悄悄的擴散或傳播。它是一種滲透性的傳染，傳染並不是作為一種與它要去感染的那種無差別的元素相反對的東西預先就能被注意到的，所以它是不能防範的。直到傳染已經擴散開來，它才是為意識的，它才被當初對它漫不經心的意識注意到。因為，這種意識當初接受到自己本身中來的，固然是自身等同又和意識等同的簡單本質，但同時又是已返回於自身的否定性的簡單性，（因為）這種簡單性後來也按照自己的本性（否定性）發展成為相反的或對立的東西，而這就使意識回想起這反面的東西當初的存在方式；這樣的簡單性就是概念，概念是這樣的簡單知識，它既知道自己本身同時又知道它的對方，只不過，它所知道的對方，是在它自身內已經揚棄了的對方。因此，當純粹識見是作為意識對象的時候，當它被意識所知道的時候，它早已經傳播開了；對它進行鬥爭，說明傳染已經發生了；鬥爭已是太遲了，一切治療都只會使病情更加沉重，因為疾病已經感染了精神生活的骨髓……作為一種不顯形跡的和不受注意的精神，悄悄地把高貴的部分都到處滲透，隨後徹底地把全無意識的神像的一切內臟和一切肢體都掌握起來，"在一個晴朗的早晨它用肘臂把它的同伴輕輕一推，於是唏哩！嘩啦！神像垮在地上了"[27]。

這讓我們想起卡通片裏那個熟悉又經典的場景：湯姆貓走着走着，不知不覺越過了懸崖，絲毫沒有意識到他的腳已懸在半空；但直到湯姆貓往下看並意識到腳下深淵的時候，

27 https://www.marxists.org/reference/archive/hegel/works/ph/phc2b2a.htm * 此處依據的是賀麟、王玖興的譯本，《精神現象學》下卷，p.83-84，商務印書館，1981 年版。——譯註

他才開始往下掉。同樣，當一個政權失去了權威時，其處境就像越過了懸崖的貓，一旦它往下看並意識到自身的處境，這個政權就會開始崩潰。然而，往往會出現與此相反的狀況，當臨近最後的危機時，一個威權政府的瓦解往往分為兩個階段。在其真正崩潰之前，總會發生某種神秘的斷裂：忽然之間，人們一下子意識到遊戲結束了 —— 他們因而不再恐懼。這個政權不但喪失了合法性，而且其行使的權力本身也被視作一種恐慌無能的反應。雷沙德・卡普欽斯基在他關於 1979 年伊朗伊斯蘭革命的紀錄影片《眾王之王》（*Shah of Shahs*）中，就準確抓住了那個斷裂的時刻：德黑蘭的十字路口，一個示威者面對警察的威脅不願屈服，而後令人驚奇的是，這個警察竟然退卻了；這個事件在幾個小時內傳遍了整個德黑蘭，於是，儘管街頭的衝突仍然持續了數週，但所有人都知道：遊戲業已結束。[28]

這將我們帶回到（墮入）愛情的時刻，我們在其中也能發現時間性的鴻溝。在亨利・詹姆斯的一篇短篇小說裏，男主人公在談到和他親近的一位女子時說，她已經愛上了他，只是她自己還不知道。在此，我們看到了本傑明・李貝特著名的自由意志實驗的佛洛伊德對應物：李貝特的實驗表明，在有意識地作出決定（例如，動一根手指）之前，相關的神

---

28 Ryszard Kapu ci ski, *Shah of Shahs*, New York: Vintage Books, 1992.

經過程就已經開始進行，這意味着，我們有意識的決定實際上只是那已然發生的神經過程的記錄（無非是給已完成的事實加個表面上的認可）。[29] 而在佛洛伊德看來，決定雖然也同樣是先於意識的，但佛洛伊德那裏的決定，並不是全然客觀的過程，而是一種無意識的決定，這也正是為甚麼我們從不會在當下墮入愛河的原因：只有在經過一個（通常很漫長的）潛意識醞釀過程之後，我們才會突然意識到自己（已經）處於戀愛之中。（向着愛的）墮落從不會在某個時刻發生，因為它"總是—已經"發生了。

在此，我們應當注意不要把主能指的這種轉變性的力量，與（言語行動意義上）所謂的施為式（performatif）混淆起來。主能指的干預是以表述式（constatif）的形式作出的，除開某些回溯性地改變一切的狀況之外，主能指的陳述乃是發生在某物已然存在這個事實之後。一個真正的關於仇恨的陳述並不是"我現在意識到我有多恨你！"，而是"我現在知道我已經多麼的恨你！"，因為只有後面這個陳述才撤銷了自身的過去。某人做了某事，他可以把自己看作（陳述為）做過這件事之人；因此，基於這種陳述，他作出了新的舉動，這意味着：主體性發生真正轉變的時刻，不是行動的時刻，而是作出陳述的那一刻。換言之，真正的新事物是在敍

---

29 Benjamin Libet, *Mind Time*, Cambridge, Mass.: Harvard University Press, 2005.

事中浮現的，敍事意味着對那已發生之事的一種全然可複現的重述——正是這種重述打開了以全新方式作出行動的（可能性）空間。例如，一個工人因不公平的待遇感到憤怒，他加入了自發罷工的隊伍，但只有當這個工人（在罷工結束之後）把自己的罷工作為一個階級鬥爭行動加以重述之時，他才主觀地使自身轉變為革命主體，並且——在這個轉變的基礎上——得以繼續其作為一個真正革命者的行動。

因此，在瓦格納的作品中，外行眼中最為平淡無趣的部分，卻最為顯著地體現出重述的這種"施為句"（performative）功能：在這些段落中，主人公以長篇累牘的敍述回顧着此刻之前的劇情。正如阿蘭·巴迪歐所言：[30] 這些長篇敍述才是戲劇性轉換真正發生的地方——在這些敍述中，我們見證着敍述者所經歷的深刻的主體性變化。在此我們不妨以《女武神》第二幕中，沃坦的大段獨白為例。那個作為自身敍述之產物的沃坦，已經不是敍述開始時的那個沃坦，相反，他是已經知道如何以全新的方式行動的沃坦——他似乎已接受了最終的失敗，並決定自我了結。巴迪歐認為，在此，音樂的質感起到了關鍵作用：正是音樂才將一場對事件與世界狀態的報告，轉變為敍述者自身主體性發生質變的場所。瓦格納往往大幅削減劇中真實行動（通常是一場

---

30 參見他在 2005 年 5 月 14 日在巴黎高師的瓦格納討論課。

戰役）的長度，使其成為可以快速處理的小事情，有時甚至就在幕後一帶而過（例如，在《帕西法爾》第二幕的開場，帕西法爾戰勝克林索爾的騎士的那場戰役，就是在幕後發生的，我們只能從在遠方觀戰的科林索爾口中聽到帕西法爾的進展）；與劇中冗長敘述與宣言相比，瓦格納作品中的真實戰役的短暫性顯得更加突出（例如，《羅恩格林》第三幕，羅恩格林與特拉蒙的決鬥；《特里斯坦》第三幕末尾，特里斯坦與梅洛的決鬥；更不用說《特里斯坦》末尾的那場可笑的打鬥。），其中的原因似乎就在於此。

同樣的時間性也體現在結構主義思想中，無怪乎克勞德‧列維施特勞斯（1908—2009）把結構主義稱為一種"沒有先驗主體的先驗論"。獨一無二的自我指稱，是象徵性事件的終極狀況，在這個時刻，某種東西猛然間湧現出來並創造了其自身的過去，這就是象徵秩序自我呈現的過程。結構主義認為，我們無法設想象徵（秩序）的創生過程：一旦它出現在此，這種秩序便"總是—已經"在此，我們無法外在於它；事實上，我們唯一能做的，便是講述關於創生的神話（拉康有時也正是這麼做的）。阿列克謝‧尤爾恰克（Alexei Yurchak）寫過一本關於前蘇聯最後一代人的書，名為《消失之前，一切都是永遠》（*Everything Was Forever, Until It Was No More*），我們在此不妨將這個書名顛倒一下：在其突然湧現並"總是—已經"在此之前，象徵秩序是無影無蹤的。此處的問題在於，這是一個自我關涉（self-relating）的

"閉合"系統的浮現過程，該系統沒有任何外部可言。我們無法在外部對其作出解釋，因為這個系統的建構行動是自我關涉的，也就是説，一旦該系統開始成為自身的原因，它就全然湧現出來；可以説，它將自身的前提置於一個封閉的循環之中。因此，象徵秩序非但是突如其來地全然在此（亦即此前空無一物，片刻之後它就全在這了），而且它更以這樣一種方式湧現，即：此前還空無一物，但突然之間，象徵秩序就彷彿"總是—已經"在那兒了，彷彿我們從未須臾離開過它一樣。

轉乘站 5.3 —— 想像：三聲響

有些西方古典音樂的曲目，因被晚近的流行文化商品廣泛採用，以至我們幾乎無法在這些曲子本身與其商業化的使用之間作出區分。例如，自從莫札特《鋼琴協奏曲第 20 號》被廣受歡迎的瑞典情節劇《今生今世》（*Elvira Madigan*）採用以來，直到今日，這首曲子往往還被稱作"今生今世"協奏曲，這個叫法甚至出現在嚴肅古典唱片的標題中。面對這商業化音樂的拜物教，我們是不是可以克制住怒氣，並作個不尋常的公開懺悔呢？因為我們帶着負罪感欣賞着的音樂，自身似乎一文不值，它的價值卻只是通過其被用於通俗文化產品之中的方式才體現出來。在這方面，筆者最喜歡的例子，便是希區柯克的電影《擒凶記》中樂曲《風暴雲大合唱》（Storm Clouds Cantata），這首歌曲是由亞瑟・本傑明專為片中的風暴場景而譜寫，並在皇家阿爾伯特音樂廳演出的。
儘管大合唱本身是個帶有晚期浪漫主義媚俗風的可笑作品，
但裏面的歌詞（作者 D.B. 溫德姆・路易士）卻頗有意味：

恐怖在風中輕語
黑暗的森林震顫
在抖動的枝上
傳來無名畏懼
惶恐捕獲了林中飛鳥
讓它們撲翅逃離
只留下樹木佇立
和它們
驚叫的枝丫
夜鳥迴旋，
伺機而出
與它們的獵物一樣逃離
碎裂的風暴雲淹沒了垂死的月
碎裂的風暴雲伺機而出

　　這不正是吉爾・德勒茲所說的"抽象"情感事件的一幅
縮微圖景嗎？在其中，寓於平靜裏的張力不斷增到無法忍受
的地步，並最終在劇烈的爆發中釋放出來。這讓我們想起希
區柯克的那個奇想：他設想有朝一日，我們能繞過所有這些
敍事性的視聽媒介，並通過作用於神經中樞的複雜裝置，

直接影響和刺激觀眾的情緒。用柏拉圖的話説：希區柯克的《驚魂記》並非關於陷入恐怖之中的病態人格的電影，相反，它刻畫了那體現在具體個人及其不幸遭遇之中的"抽象"恐怖之理念。在同樣的意義上，《風暴雲大合唱》的樂曲也並未刻畫出溫德姆・路易士所作的歌詞，它甚至與影片的敍事更無關聯；相反，它直接渲染了這個情感事件。

在嚴格的拉康意義上，這樣的事件是想像性的：這類事件漂浮在遠離那個表徵並生產它的物質基礎的地方，亦即在那介乎存在與非存在之間的脆弱領域的表面。在《感覺的邏輯》中，吉爾・德勒茲顛倒了柏拉圖由永恆理念與摹仿理念的感覺現實組成的二元論，在德勒茲那裏，世界被分為實在物（物質）與全然被動的感覺表面，後者是介於存在於非存在之間的變動之流。感覺的表面並不存在，它們是"持存"之物（subsist）："它們既非事物，也非事實，而只是事件。我們不能説它們存在，而只能説它們是持存或是既有（inhere）之物（是既非事物亦非實體的東西所具有的最低限度的存在）。"[31] 這與古代斯多葛派那裏的"無形之物"（incorporeals）有幾分相似：

斯多葛派第一個顛倒了柏拉圖主義，對其作出了激

---

31 Gilles Deleuze, *The Logic of Sense*, New York: Columbia University Press, 1990, p.5.

進的逆轉。有着質與量以及各種狀態的實體具備實在性與因果性，相反，理念的特徵屬於另一類，它們是存在之外的被動之物，是位於事物表面的無效物，也是只能以"效應"呈現出來的理念化的無形之物。[32]

刀與肉都是實體，刀是某個關於肉的非實體謂述（asomatic kategorema）（比如"被切開"）的原因。爐火與木柴也都是實體，爐火是某個關於木柴的非實體謂述（比如"被燒着"）的原因。如果太陽或者來自太陽的熱使蠟融化，我們就會說太陽是"蠟燭被融化"（the wax being melt）的原因，而不會說它是"蠟燭的融化"（the melting of the wax）的原因，因為前者的不定式指的是謂述。

在佛教的存在論中，類似的進路似乎以更徹底的方式呈現。在其中，現實本身失去了實體的屬性，並被還原為脆弱表象的涓流。因此歸根結底，萬物皆是事件（都具有事件性）。佛教的宇宙中存在兩類事件：其一是正覺的事件，亦即全然假定自我的非存在狀態的事件；第二種則是對流變中的事件的獨特捕獲，亦即德勒茲所謂的"（非）意義的純粹事件"，後面這種事件尤其體現在日本俳句之中。絕對物（即涅槃中體驗到的原初虛空狀態）與微小脆弱而稍縱即逝的表

---

32 Gilles Deleuze, *The Logic of Sense*, New York: Columbia University Press, 1990, p.7.

面效應（俳句的主題）之間的交疊，構成了佛教中的無限判斷。以下這首俳句，是松尾芭蕉最著名作品之一：

古池塘，
青蛙躍入，
嘩啦

水聲響這個事件是俳句中的真正對象（是否與維繫着它的寂靜相互交疊？）。俳句中沒有任何理念化的色彩，相反，在俳句的昇華效應中，哪怕是最"卑賤"的質料也能夠成為事件的誕生之所。這樣看來，我們大可不必害怕為這首俳句想像一些更低俗的版本 —— 我的一個日本朋友曾告訴我，松尾芭蕉的這首俳句還有個二十世紀的變體，而且並不是戲仿意義上的：

帶着臭水的馬桶
我坐上去
嘩啦！

俳句中的三行規則再合理不過：第一行描繪了事件發生之前的狀況（平靜的古池塘、帶着臭水的馬桶）；第二行則標誌着那個休止狀態被切斷，這種干預打破了平靜並將產生事件（青蛙跳進池塘，我坐在了馬桶上）；最末一行則命名了那個流逝中的事件本身（水濺出的聲音）。甚至當後面沒有積極行動的干預時，切入的詞或短語（kirenji）也標誌着普遍中立的情境與其中的個別要素之間的斷裂 —— 後者正是構成事件的物質基礎。讓我們看看松尾芭蕉的另兩首俳句：

春：
掩映朝霧裏
無名山也奇
初秋：
碧海連青田
翠綠共一色

第一首俳句的"對象"是朝霧，第二首的對象則是綠 —— 它並非實體，而是事件，它是那個超出了原因卻又純然無效的結果（正如前文所見，這個事件既可能無比崇高，也可能俗不可耐）。在這非物質性的結果中，那流動着的近乎無物的表象與永恆之物彼此交疊，於是動與止、鬧與靜也都重合在一處，從而構成了意義與非意義（Non-Sense）相互疊加的一刻；這正是"精神是骨頭"這句話的禪家説法。然而，這種對物質現實的懸置也有着深刻的模糊性，它有時也構成了某種屏障，掩蓋着我們行為的恐怖後果。這讓我想起羅伯特·皮爾西格的那本暢銷多年的新時代哲學讀物《禪宗與摩托車維修藝術》[33]，事實上我們不難想像出這類主題的

---

33 Robert Pirsig, *Zen and the Art of Motorcycle Maintenance*, New York: Bantam, 1984（1977 年第一版）.

許多變體，例如：禪宗與性行為的藝術、禪宗與事業成就……甚至是禪宗與優雅戰爭的藝術。的確，以禪宗的態度看來，戰士不再是行動的個人，他已被徹底地非主體化了（desubjectivized）。或者，就像禪學在西方的主要推介者鈴木大拙所言："殺人的已不是他，而是刀。他已沒有任何傷害他人的慾望，是敵人的出現使他成了受害者。這就像那把刀自行完成了殺人的正義使命，而這正是慈悲的作用。"[34] 鈴木大拙對殺人的這番描述，不正為一種現象學的態度給出了最根本的案例嗎？這種態度認為：我們不應干涉現實，而要遵循事物所呈現的樣子。殺人的是刀本身；敵人的出現使他成了受害者，於是禪宗戰士在其中如若無物，他被還原成為自身行動的漠然看客。

1970 年代，在軍政府獨裁統治下的巴西，曾有一個專門負責折磨政治犯的秘密警察組織，該組織臨時皈依了一種私密宗教。那是帶有新時代佛教觀念的雜燴，在這種宗教看來：現實是不存在的，構成世界的只是虛幻表象的碎片。[35] 不難想像，這種"宗教"顯然有利於他們為自己做下的恐怖罪行開脫責任。波爾布特的一個下屬曾被前者面對敵人時冷酷無情的手段與毫不手軟的態度所震撼，他把這個紅色高棉領導比作達到了第三層識的高僧，他對波爾布特說："你完

---

34 Brian Victoria, *Zen at War*, New York: Weatherhill, 1998, p.110.
35 據一個朋友所說。

全中立，沒甚麼能撼動你，這是最高的覺悟。"[36] 這種關聯並
非毫無根據，波爾布特所成長其中的佛教文化恰恰有着歷史
悠久的軍事傳統。沿着這個思路，我們還可以寫出另一個俳
句，它的第三行刻畫的是鮮血從身體的刀傷處噴濺而出的純
粹事件：

> 肥胖身軀在跟前蠕動
> 刀劍一揮
> 嘩啦！

然後仿奧斯維辛的意境，再作一首

> 囚徒淋浴
> 手指輕按電鈕
> 哀嚎迴響！

筆者列出這些即興之作，並不是要談論沒品位的笑話，
而是想讓我們意識到這樣一個事實，即：一個真正獲得正覺
之人，即便在那些極恐怖的境遇下，也應當能夠看到純粹事
件本身。然而此處最可悲的教訓莫過於，恐怖的暴行與真正
詩性的精神之間竟是如此的相融，以至它們可以如影隨形。

---

36 Niall Ferguson, *The War of the World*, London: Penguin Books, 2007, p.623.

第六站：事件的撤銷

　　德語裏有個説法叫 rückgängig machen，我們一般把它譯成"消除"、"取消"，或者"解除"，但這個短語還有更確切的隱含義，即：回溯性地撤銷某件事，就好像它從未發生。討論這個問題之前，讓我們比較一下莫札特的《費加羅婚禮》與羅西尼的類似劇目。在莫札特那裏，博馬舍那具有政治解放潛力的劇本頂住了當時的審查壓力，例如在該劇的終曲，伯爵不得不向他的臣民下跪求饒（更不必説在《唐喬瓦尼》第一幕終曲裏，那震耳欲聾的"自由萬歲"的呼聲）。與此相比，羅西尼的《塞維利亞理髮師》在相反的方向上取得了同樣驚人的成就。在羅西尼手中，這部標誌着法國資產階級革命精神的劇作被全然地"去政治化"，成為一部地道的詼諧劇。這並不讓人驚訝：1815—1830 年是羅西尼創作的黃金年代，也是歐洲列強徒勞地要撤銷此前數十年革命的影響，以便使其從未發生（Ungeschehenmachen）的年代。在他那些最傑出的喜劇中，羅西尼試圖描繪出革命之前的那個純真時代。這倒不是說，羅西尼在劇中表達了對革命的敵視與反抗，相反，在他筆下，1789—1815 年間的這段歲月彷彿從來不曾存在。這樣看來，羅西尼在 1830 年後（近乎）封筆並回歸富裕的田園生活的做法真是再正確不過：這是唯一有道德的做法，在這個意義上，他的長年緘默可與讓‧西貝柳斯（Jean Sibelius）的驟然隱退相媲美。

既然法國大革命是現代史中的標誌性事件，它的爆發使得"一切都變得不同"，那麼很自然的問題就是，對任何事件而言，它們是否會遭遇到上述的"撤銷"或被"去事件化"（dis-eventalization）的情況？"Je sais bien, mais quand même..."（我當然知道，但還是……），這類習慣用語標誌着主體面對實體時的分裂姿態——我們知道某件事是真的，但還是無法接受它的真實性，例如："我知道我兒子是個謀殺犯，但我仍然無法真正相信這個事實！"同樣，在面對事件之時，我們也會持有類似的分裂態度："我知道事件沒有發生，一切都照常運轉，但，不幸的是，或許，或許……（我相信）某個事件的確發生了。"而更加有趣的問題是，一個事件是否可能不被直接地否認，而是以回溯的方式被否認？讓我們想像一下：假如一個社會完全遵循了現代意義上的自由、平等與民主權利等理念，以至所有種族主義與性別歧視都是荒謬而不可接受的，並且其中成員普遍認為，社會有義務向每個人提供教育與基本健康保障……那麼在這個社會中，像種族主義等一類思潮將是完全不值一駁的，因為在每個社會成員看來，這樣的想法都像是荒誕不經的無稽之談。然而長此以往，儘管這個社會在表面上仍然堅守着它的基本信條，這些原則卻漸漸失去了實質意義。匈牙利右翼總理維克多・歐爾班（Viktor Orbán）在 2012 年的一段話，就是這方面極好的例子。歐爾班認為，中歐地區必須建立起全新的經濟體制：

> ……望上帝保佑，讓我們不必去發明一套新的政治體制，推行民主制的目的只是為了度過經濟難關……合作歸根到底就是實力的問題，與意願毫不相關。或許某些國家並不這樣認為，例如那些斯堪的納維亞國家，但對我們這些半亞細亞種的底層人民而言，只有實力才能讓我們團結起來。[1]

匈牙利老一代異議人士的經歷，更襯出上述這段話的反諷之處：1956 年，當鎮壓起義的蘇聯軍隊開進布達佩斯的時候，困境中的匈牙利領導人向西方不斷發出這樣的求救訊號："我們在此保衛着歐洲！"（言下之意，是對抗亞細亞式的共產主義）如今，在蘇聯崩潰之後，一個基督教保守派的政府，則把西歐所代表的自由民主的多元消費主義視作主

1　www.presseurop.eu/en/content/news-brief/2437991-orban-considersalternative-democracy.

要敵人，並且呼籲實現一種更加有機的新社羣主義，以取代二十年來"混亂不堪"的自由民主體制。無獨有偶，當年法西斯主義者就曾大肆渲染"財閥政治與布爾什維克的合謀"，把（前）共產主義者與"資產階級"自由派視作同一陣營的敵人。無怪乎歐爾班及其盟友多次表達了對中國"亞洲價值觀資本主義"的讚賞，並把亞洲式的威權主義視為應對前共產主義威脅的良方。因此，當歐爾班的政府感到來自歐盟的壓力時，我們似乎可以想見他會向中國發出求救訊號："我們在此保衛着亞洲！"

不過，匈牙利的例子還只是全球範圍內的去事件化過程中的一個小插曲，這個全球性的過程正威脅着我們解放成果的基礎。讓我們看看地球另一端的例子：在給美國《洛杉磯時報》的一封信中，影片《追擊拉登行動》(*Zero Dark Thirty*) 的導演凱薩琳·畢格羅為影片中逼真的酷刑鏡頭辯護，美國特工正是通過酷刑等手段獲取了有關本·拉登情報，畢格羅在信中寫道："我們文藝業者都知道，描述不等於贊同。如果不是這樣，那麼就沒有畫家敢於繪製非人道的場景，沒有作家敢於書寫關於非人道的內容，也沒有導演敢於拍攝反應我們時代的這些棘手的題材了。"[2] 然而，事實果真如此嗎？即便考慮到反恐鬥爭空前急迫的現實需要，即便

2　http://www.latimes.com/entertainment/gossip/la-et-mg-hollywood-headlines-a-week-in-review--027-photo.html.

我們放下抽象的道德家的姿態，我們難道沒有理由認為：由於虐待人類這個行為有着如此深刻的破壞性，因此即便是對它的中立描述本身（亦即試圖中和其破壞性的做法），已然構成了某種程度上的贊同嗎？

更確切地說，問題的關鍵在於：酷刑是如何被描述的？由於這個題材的高度敏感，影片脈絡中所表現出的任何中立性都是虛假的；我們在其中總是能感受到對於影片主題的特定立場。想像一下，假如在一部描述大屠殺的紀錄片中，導演將大屠殺的過程描述為一種超然冷漠的工業流程，並詳細講解其中的技術問題（運輸、屍體處理、如何防止死囚進毒氣室前的恐慌等等），那麼這樣的影片只有兩個可能目的：要麼它意在反映拍攝者對這個題材的某種變態而不道德的迷戀；要麼它是想利用污穢畫面的所謂中立性，來引起觀眾的驚惶與恐懼。畢格羅的《追擊拉登行動》屬於哪種情況呢？顯然，她毫無疑問是站在酷刑正常化這一邊。當影片女主角瑪婭第一次見到水刑的場面時，她有一些震驚，但她很快掌握了遊戲規則——影片後面，她就冷酷地威脅一個阿拉伯高層戰俘說：「如果你不合作，我們就把你交給以色列人。」瑪婭對本·拉登的狂熱追蹤，抵消了良心上的任何不安。這在瑪婭的搭檔——一個留鬍子的年輕 CIA 特工——身上體現得更為明顯，當酷刑受害者的心理防線被攻破之後，他會一下子從折磨者變為友善的人（幫犯人點煙，和他說笑話）。在影片後半，他從穿牛仔褲折磨犯人的大鬍子，搖身變為衣冠楚楚的華盛頓官僚，這個轉變尤其令人深感不安，它代表着最純粹、最有效的正常化：酷刑無非只是一些不適，它頂多只會傷害敏感的心靈，而與道德無關，為了工作，這些都是可以忍受的。正是這種認為虐囚與酷刑只會傷害到敏感心靈的認識，使該片淪為一部廉價的右翼宣傳片，在其中，人心的複雜性被有計劃地精心呈現，以便那些有着良好意願的自由派們能夠不帶負罪感地觀賞。這正是為甚麼《追擊拉登行動》要比《反恐 24 小時》糟得多：至少在後面這部劇集的大結局中，傑克・鮑爾最後垮掉了。[3]

讓我們拋開關於水刑究竟算不算酷刑的無謂爭論吧：如果水刑沒有給人施加肉體的痛苦與死亡的恐懼，它如何能讓強硬的恐怖分子開口呢？至於有人提議用"增強式審訊法"（enhanced interrogation technique）來代替"酷刑"這個字眼，那更不過是政治正確觀念的擴展而已，這與我們用"身體不便"（physically challenged）來代替"殘障"（disabled）沒有任何區別（是不是該用"增強式誘惑法"來代替"強姦"呢？）。問題的關鍵在於，雖然政治正確的初衷在於避免使人成為標籤的象徵性暴力的受害者，但恰恰就是當公眾的語言被改造得政治正確之時，酷刑 —— 一種由國家施加的暴力

3　這正是為甚麼畢格羅對於本片的看法 ——"當你觀看一場暴力時，你也正在拉康的意義上被解構"（見 www.newyorker.com/talk/2012/12/17/121217ta_talk_filkins）—— 不但是不知所謂的（壓根就沒有甚麼"拉康意義上的解構"），而且在道德上是無恥的。

行為——也獲得了公眾的接受。這兩個現象實際上是同一枚硬幣的兩面。

　　對於這部影片最骯髒的辯護莫過於認為：畢格羅在此避免了廉價的泛道德化，她以冷靜的方式反映了反恐鬥爭的現實，影片提出了難題並促我們思考（此外，就像一些評論家說的，她"解構"了女性主義的陳詞濫調——瑪婭既沒有展示任何性愛上的興趣，也沒有表現出多愁善感的特質，她就像男人一樣堅強和忠於職守）。對此，我們的回答是：恰恰是在面對諸如酷刑這樣的主題之時，我們不應"想得太多"。不妨拿強姦作個類比：倘若一部影片以同樣中立漠然的方式展示一個暴力的強姦場面，並聲稱我們應該避免廉價的泛道德化，而要去思考強姦的各種錯綜複雜的狀況，你會怎麼看呢？內心深處的直覺告訴我們，這兒有個嚴重的錯誤：我寧願生活在一個絕對無法接受強姦的社會，在其中，任何鼓吹強姦的人都會被視作無可救藥的愚人；也不願生活在一個容許人為強姦辯護的社會——酷刑也是一樣。事實上，道德進步的標誌之一，恰恰就是對於酷刑的這種毫無討論餘地的，"教條式"的抵制態度。

　　既然如此，我們該如何看待對酷刑的"現實主義"辯護？有人會說：既然酷刑古往今來總是不斷發生，那麼把它作為公開的討論議題不是更好嗎？但這種態度正是問題的癥結所在：倘若酷刑總是不斷發生，為甚麼掌權者現在會向公眾公開？答案只有一個：公開討論的目的，就是要使酷刑正常化，從而降低我們的道德水準。酷刑會拯救生命嗎？或許會，但它必定會殺死良知 —— 而最骯髒的辯護就是：真正的英雄為拯救同胞的生命而放棄自己的良知。《追擊拉登行動》裏對酷刑的正常化，預示着一個逐漸逼近我們的道德真空。如果對此還有任何懷疑，不妨試着回想一下二三十年前的荷里活大片是否會出現類似的場面 —— 那簡直是不可想像的。

在此要談的第三個例子比前兩者殘暴得多，直到今天，這件事對我們來説都是不堪設想的。2012 年，一部叫《殺戮演繹》(The Act of Killing) 的紀錄片在特柳賴德電影節上首映，片子的導演是約書亞・奧本海默 (Joshua Oppenheimer) 與克里斯汀・辛 (Christine Cynn)。《殺戮演繹》一片以獨特、深刻且令人不安的視角，審視着資本主義全球化大環境下的道德僵局。這部紀錄片於 2007 年在印尼的棉蘭攝製，它報道了一個極端污穢醜惡的行為：安瓦爾・岡戈 (Anwar Congo) 和他的同夥是參與 1965—1966 年印尼九三〇反共大清洗的敢死隊頭目，九三〇事件導致超過 250 萬人被當作共產黨員殺害，其中許多是住在印尼的華人。這些當年手上沾滿鮮血的劊子手，如今卻紛紛變成顯赫的政客。2007 年，岡戈他們想演出一部電影，演繹當年殺人的經歷。可以説，《殺戮演繹》是一部關於"最終獲勝的兇手，以及他們所建立的社會"的影片。這場大屠殺過去之後，獲勝的兇手非但沒有把這些暴行視作"骯髒的秘密"（亦即需要抹去一切痕跡的罪行），相反，他們竟毫無顧忌地大肆誇耀自己當年殺戮的細節（如何用鐵線勒死一個人，如何割喉，如何盡興地姦淫婦女……）。2007 年 10 月，安瓦爾及其同夥參加了印尼國家電視台的訪談節目，在節目中，當安瓦爾興致勃勃地說，自己的殺戮受到黑幫電影的啟發時，節目主持人滿臉笑容地讚歎道："真是神奇啊！讓我們給安瓦爾・岡戈熱烈的掌聲！"而當她問安瓦爾是不是害怕當年受害者家屬的報復時，安瓦爾回答道："他們不敢，誰要敢露個頭，我們就把他做掉！"他的黨羽更補充道："我們要把他們都消滅！"此時，演播廳裏又爆發出掌聲與歡呼聲。若不是親眼所見，你幾乎不會相信這場面是真的。

而真正讓《殺戮演繹》與眾不同的是，它在此進一步提出了這個關鍵問題：殺戮者"在殺人時心裏想的是甚麼？"[4]也就是說，他們是靠着怎樣一種屏障，讓自己對令人髮指的暴行視而不見？片中給出了答案：那保護着他們免於內心深處道德危機的，恰恰是電影螢幕。他們把自己的行動視作對電影模範的扮演，這使得他們將現實本身體驗為一種虛構——一種荷里活崇拜者的虛構（安瓦爾及其同夥是從販賣電影票的黑市團夥起家的），他們模仿荷里活電影裏的黑幫、牛仔與舞者，在那場大屠殺中演起了角色。

---

4 摘自 Final Cut Film Productions 製片公司的公關材料。

有個關於耶穌基督的有趣笑話：連日的佈道與顯神跡讓耶穌疲憊不堪，於是祂忙裏偷閒到加利利海灘上放鬆一下。祂和一個門徒進行高爾夫球比賽時，遇到了一個困難球，耶穌沒打好，將球打到水裏，於是祂走到球落水地方的邊上，彎下腰把球拾起。當祂準備再試一次同樣的擊球時，門徒告訴祂說，這個球是極困難的，只有像"老虎"活士這樣的選手才能打得好。耶穌回答道："怎麼回事！我是神之子，憑甚麼'老虎'活士能做的我不能做？"於是祂又一揮桿，結果球再一次落入了水中，耶穌不得不再一次走到水邊要將球拾起。就在這時，一羣美國遊客走了過來，其中一個遊客看到了耶穌他們，就走上前對門徒說："上帝啊，那個傢伙是誰？他那樣打扮是不是覺得自己是耶穌啊？"門徒回答說："不不不，那個混蛋以為自己是'老虎'活士！"這正是幻想身份起作用的方式：沒有人 —— 哪怕是神自己 —— 可以在直接意義上是其所是；每個人都需要離開中心的外在鑒別點。我們可以想像，當一個美國記者看到安瓦爾在虐待可疑共產主義者，便走上前問安瓦爾的一個同夥："那個傢伙是誰？難道他覺得自己是上帝審判的工具嗎？"那個同夥便會回答說："不不不，他覺得自己是亨弗萊·鮑嘉（Humphrey Bogart）！"

在此，我們看到了社會道德真空中最為殘暴的一面：當最低限度的公共恥感都被懸置（正是這種恥感迫使罪犯掩蓋他們犯罪的痕跡），當虐待與屠殺的可怕狂歡成為幾十年後大眾讚頌的對象，當這些暴行甚至不被視作公眾利益的必要之惡，而是被視作某種平凡無奇，可接受，甚至有幾分愉悦的活動的時候，我們就應該追問：這樣的社會的象徵肌理（亦即在公眾可接受與不可接受之間畫出界限，所依據的那套規則）究竟是怎樣的？面對這個問題，我們應該避免過分容易的回答，例如指責荷里活電影或者歸咎於印尼"未開化"的道德狀態。相反，追問的起點應該是資本主義全球化所帶來的錯位效應，這種效應破壞了傳統道德結構中的"象徵有效性"，從而導致了這樣的道德真空。[5]

但這是否意味着，當道德實體逐漸地被侵蝕之際，我們僅僅退回到了個人自我中心主義那裏？情況比這要更加複雜。我們往往能聽到這樣的觀點，認為當前的生態危機是我們短視的自我中心主義造成的後果：對即時享樂與財富的癡迷，使我們忘卻了公共利益。然而在這個問題上，沃爾特·本雅明關於資本主義宗教性的見解才算切中了要害：真正意

5　更寬泛的問題是，一個（相對）得體的人為甚麼會做出可怕的事情？為了對此給出解釋，我們應當看看標準的反個人主義的保守觀念，根據這種觀念，社會機構控制並遏制着我們個人自發的惡，這種惡會為了自私自利的目的而做出殘酷而具有毀滅性的事。如果反過來說，雖然我們是（相對）得體的個人，但假如社會體制有着各種巧妙的手段，以便讓我們做出可怕的事情，結果會是怎樣？在此，作為中介方的社會體制起到了關鍵作用：有些事情，我們個人永遠無法親自下手，但如果讓一個中介方替我們做這些事，我們便可以裝作不知情了。包括安祖蓮娜祖莉和畢彼特在內的許多人道主義者在迪拜的住宅項目上大肆投資，而這些項目的勞工恰恰處於現代版奴隸制的奴役之下，與此同時，他們還佯裝對此毫不知情——畢竟，這些投資是金融諮詢師作出的，不是嗎？

義上的資本家並不是享樂至上的自我中心主義者；相反，他如此狂熱地投身於使自身財富增值的任務之中，以至連自己的健康與幸福都成了可以捨棄的東西，而家族的興旺或環境的福祉等更是不在他們的考慮之內。這樣看來，我們大可不必站在道德制高點上譴責資本家的貪婪自私。事實上，要想對抗資本主義對於財富怪癖而狂熱的忘我精神，我們只需將這種自我中心的功利思想引導到適當的地方。換言之，要想實現盧梭所說的自然的 amour-de-soi（自愛），我們需要把環境意識提升到更文明的高度。

因此，這充斥於我們社會中的享樂至上的自我中心主義，與其說是我們面臨的一個事實，毋寧說是我們社會的意識形態使然 —— 在《精神現象學》論理性的那個章節末尾，黑格爾所謂的 "das geistige Tierreich"（精神的動物界），指的就是這種意識形態。在黑格爾看來，文明的現代社會中，人們陷溺在以自我利益為中心的交互行動中，這種狀態構成了精神的動物界。黑格爾認為，現代性的成就，正是在於容許"主體性原則在個人自主的極端特殊性之中獲得自我實現。"[6] 在這個原則下，公民社會得以成為這樣一個領域，在其中，自主的個人通過自由市場經濟的各種機構彼此關聯，從而使各自的私人需求獲得滿足。在該領域裏，所有公

---

6 G.W.F. Hegel, *Elements of the Philosophy of Right*, Cambridge: Cambridge University Press, 1991, para. 260.

共利益都服從於個體私有利益；這些公共利益無不被有意識地配置與籌劃，以便讓私有利益取得最大化的滿足。黑格爾在此指出的是私有利益與公共利益之間的對立，這種對立在曼德維爾、亞當‧斯密和馬克思那裏也多有提及：在個人眼中，公共利益被視作某種應當為各自私人利益服務的東西（例如，自由派將國家視作個人自由與安全的保護者），而當個人在追求各自的目標之時，他們也為公共利益的增加作出了貢獻。在這個意義上，個人的行動愈是自私，他們對公共利益的貢獻也就愈大，這正是辯證法的張力所在。

然而弔詭的地方在於，當個人有意願犧牲自己的利益，並直接投身於公共利益的創造時，公共利益本身卻會因此受損 —— 黑格爾就提到那個過分關注公共利益的國王最終使自己的王國覆滅的逸事。但黑格爾的哲學探討並不止步於此，他進一步將這種“矛盾”歸結為“動物”與“精神”之間的張力：那作為個人“機械性”的交互關係之結果而呈現出來的普遍精神實體，正是“每個人及所有人的產物”。這意味着，自私自利的“人形動物”（亦即參與到公民社會複雜關係網中的個人）的“動物性”是一個長期歷史進程的產物，在這進程中，中世紀的等級社會被改造為現代意義上的資產階級社會。可以説，主體性原則的自我實現本身 —— 即動物性的徹底對立面 —— 恰恰促成了由主體性向動物性的逆轉。

這種逆轉的蹤跡如今隨處可見，在高速發展的亞洲國家尤為如此，在這些國家裏，資本主義帶來的衝擊最為粗暴顯著。貝托爾德・布萊希特的短劇本《規則與例外》（這是他在1929—1930年創作的一部"學習劇"，用於工廠和學校的簡易演出）講述了一個富商為了石油交易而與搬運工（"苦力"）穿越"亞希"沙漠（布萊希特假想的中國地名）的故事。當兩人缺乏食水並在沙漠中迷路時，商人在慌亂之下拔槍射殺了苦力，因為他以為苦力走過來是要攻擊自己，但事實上，苦力是要把自己剩餘的飲水遞給商人。後來在法庭上，這個商人被宣判無罪，法官審判的依據是：商人有理由懼怕苦力的潛在威脅，因此無論苦力的威脅是否是真的，商人射殺苦力的行為可以視作正當防衛。因為商人與苦力屬於不同的階級，商人有理由擔心苦力對他的憎恨與惡意，這意味着，階級間的仇視才是典型狀態，相反，苦力的善意倒成了例外。這個是布萊希特又一個可笑的馬克思主義式的簡單化描述嗎？未必如此，讓我們看看下面這個來自當今中國的報導：

> 半年前，南京一個老太太從公車上摔下來。根據當地報紙的報導，這名65歲的老人摔折了髖骨。一個叫彭宇的年輕人看到了這個情景，過來攙扶老人。他給了老太太兩百塊錢（當時足夠買300張公車票），陪同她去了醫院，並在醫院一直等到老人的家屬到來。然而老人一家向彭宇提起民事訴訟，要求後者賠償人民幣136,419元。最後，南京鼓樓區法院判決彭宇應分擔原告損失，共計人民幣45,876元。法院的判決書稱，"彭

宇自認，他是第一個下車的人，從常理分析，他與老太太相撞的可能性比較大。"而且"根據社會情理，在老太太的家人到達後，他完全可以說明事實經過並讓老太太的家人將她送到醫院，然後自行離開。但彭宇未作此等選擇，他的行為顯然與情理相悖"。[7]

上面這個彭宇案，不正是布萊希特短劇的翻版嗎？彭宇出於同情和好心幫了老人一把，但由於這種善意並不"合乎情理"（一個普通人不會像彭宇這麼好心），故此在法院看來，這構成了彭宇的過失，他也因此需賠償一定數額的醫藥費。這個案子僅僅是可笑的例外嗎？事實並非如此，《人民日報》（中國官方報紙）所作的網上問卷調查表明，在參與問卷調查的青年中，有高達 87% 的人不願幫助摔倒在地的老人。彭宇案也關係到公共空間的監視問題。許多人表示只在有攝像頭的情況下才會考慮攙扶老人。這種普遍不願伸出援手的態度，正預示着公共空間地位的改變："街道成了極端私有的場所，而'公共'與'私有'這樣的字眼也已失去了意義"。簡言之，置身公共場所並不意味着與其他陌生人共處。相反，當在他們中間穿行時，我仍然位於自己的私有空間之內，我與他人既沒有互動也沒有招呼。為了使我與他人共處（不論有無互動）的空間成為"公共"的，它就必須處於安全

---

7   Michael Yuen, 'China and the Mist of Complicated Things,' 未出版的文本。

攝像頭的監視之下。

這個轉變的另一徵兆，則體現在相反的極端情況裏——那是近來色情媒體中開始風行的公共場所性行為。愈來愈多的色情電影展示着人來人往的公共空間（公共海灘、火車、公車、購物中心等）裏毫無顧忌的性行為，值得注意的是，公共場所裏大多數經過的路人都對此（佯裝）視而不見，小部分人會對這淫穢的場面偷偷瞄上幾眼，更少一部分人則會取笑戲仿。同樣，在這情形下，公然做愛的情侶就彷彿置身於他們自己的私有空間，因此我們不應干涉他們的親密舉動。

這又將我們帶回到黑格爾的"精神動物界"裏，換言之，那些無動於衷地走過倒地無助的老人和公然做愛的情侶的，究竟是誰？他們當然是動物，但這個事實絕不意味着我們在某種程度上"倒退"回了動物的層面。我們在此談論的動物性——每個追求私有目標的個體所表現出來的這種冷酷無情的自私性——恰恰是社會關係（市場交換、社會調解與生產）之複雜網絡所造就的弔詭產物。而個人對這個網絡視而不見這個事實，也正表明了該網絡具有觀念性（精神性）的特徵：在由市場所構造起來的公民社會中，抽象性的宰制比之前任何時候都要徹底。我們常常能聽到這樣的說法：當今隨着媒體的無孔不入，公開告白的文化與數碼控制工具的興起，私人空間已經瀕臨消失。但在筆者看來，事實恰恰相反：正在消失的毋寧是真正意義上的公共空間。在網上展示自己裸照或親密場面的人並不是暴露狂，暴露狂侵入的是公共空間，而上傳到網頁的裸照則仍在那個人的私有空間之內 —— 只是這個空間被延展開來，並與他人的空間相互包含。讓我們回頭看看《殺戮演繹》，這與安瓦爾及其同夥的狀況何其相似：與經濟上的私有化相比，安瓦爾等人對公共空間的私有化顯然要更具威脅性。因為正是在這種私有化中，我們社會那些現代性的解放事件被逐漸撤銷。

終點站："好好注意！"

　　在這壓抑的大環境下，對以往事件的撤銷成了主導性的進程，既如此，那些真正政治事件的發生還有多大的可能性呢？面對這個問題，我們應該提醒自己：事件乃是一個激進的轉捩點，這個點的真正維度卻是不可見的。法國哲學家莫里斯‧布朗肖曾寫道："問題：你會承認我們已經抵達了轉捩點這個事實嗎？回答：如果還有事實存在，那就未到轉捩點。"[1] 在事件中，改變的不僅是事物，還包括所有那些用於衡量改變這個事實的指標本身，換言之，轉捩點改變了事實所呈現的整個場域的面貌。在一切都在加速變化的今天，記住這一點尤為重要。因為在如今瞬息萬變的表象之下，我們不難察覺到一種沉悶乏味的一致性，就彷彿萬物之所以遷流不息，就是好讓一切都保持不變似的。或者，就像那個法國

---

[1]　Maurice Blanchot's self-interview in *La nouvelle revue Française*, April 1960.

古諺所説：plus ça change, plus c'est même chose.（變動愈多，實則愈同）。在資本主義內部，事物的不斷變化正是為了使一切保持不變，而真正的事件將會轉變這個關於變化的原則本身。哲學家阿蘭・巴迪歐近年來提出了無法被還原為簡單變化的事件概念，在巴迪歐看來，事件是一種被轉化為必然性的偶然性（偶然的相遇或發生）[2]，也就是説，事件產生出一種普遍原則，這種原則呼喚着對於新秩序的忠誠與努力。當一個充滿情慾的相遇改變了相愛之人的一生，並使夫妻共同生活的構築成為兩者人生的中心時，這次相遇就構成了一個愛的事件；同樣，在政治中，當一次偶然的暴動或叛亂催生出對於普遍解放願景的集體承諾，並因此開啟了重塑社會的進程時，這次暴動（叛亂）便構成了一個政治事件。

　　然而進入新千年後，在政治左翼陷入深刻危機之際，這樣的事件還可能發生嗎？政治左翼看來，資本主義的繁華建立在虛幻的基礎之上，在資本主義繁榮的年代，政治左翼災害預言家的角色並不受待見。當前，左翼長期等待着的經濟蕭條和社會崩解的時刻似乎已經到來，我們也看到了世界各地出現的抗議與反叛。然而迄今為止，我們既沒能看到左翼陣營對這些事件的任何有力回應，也未見他們提出過任何綱領，來把孤立無序的反抗整合成社會變革的積極力量。目前

2　Alain Badiou, *Being and Event*, New York: Continuum, 2007, and Logics of *Worlds*, New York: Continuum, 2009.

在全歐洲各處迸發出的憤怒情緒：

> 是既無力又毫無成效的，看來任何有意識的和協調一致的行動都已超出了當前社會力所能及的範圍。看看歐洲的這場危機。我們一生中都未曾碰見如此富有革命機遇的時刻，但我們也從未像現在這樣無力。知識分子與戰士也從未像今天這樣沉寂，這樣難以找到前進的新方向。[3]

因而近幾年來，我們已停駐於一種持續性的前事件狀態，其中那看不見的壁壘似乎一次又一次地阻止着新事物的崛起與真正事件的創生。產生這無形壁壘的一個主要原因，便是資本主義意識形態在近期的勝利。如今，每個工人都成了他（她）本人的資本家，這些"自我資本家"無不在盤算着如何為自己未來的教育、住房、健康等進行投資，而他們投資的唯一途徑就是舉債。於是，就像銀行家和資本家對某家公司的投資決策那樣，個人在教育、住房、健康等方面的權利因此成為"自我資本家"投資的自由決策，因此至少在形式上，每個人都成了為了投資而舉債的資本家。[4] 這意味着，我們進一步遠離了資本家與工人在法律面前的形式平等——

3　Franco Bifo Berardi, *After the Future*, Oakland: AK Press, 2011, p.175.

4　Mauricio Lazzarato, *The Making of the Indebted Man*, Cambridge, Mass.: MIT Press, 2012.

因為如今他們都是資本投資者；然而，在真正的資本投資者與被迫成為"自我投資者"的工人之間，我們看到了馬克思所說"我們劇中人的面貌"的不同 —— 這種不同往往體現在勞動與資本完成交換之時，因為此刻，資本家與工人"一個笑容滿面，雄心勃勃；一個戰戰兢兢，畏縮不前，像在市場上出賣了自己的皮一樣，只有一個前途 —— 讓人家來鞣。"[5]顯然，"自我資本家"的戰戰兢兢是有理由的，因為那施加在他（她）身上的虛假的選擇自由，恰恰構成了其被奴役的形式。

負債者在資本主義全球化環境下的激增，讓我們想起了尼采那裏的債戶／債主關係，在尼采看來，這種關係是人類學意義上的普遍常態。這兩者間有怎樣的聯繫？在此，那個直接實現的悖論變為了其自身的反面：如今的資本主義全球化在把債戶／債主關係推向了一個極端的同時，恰恰也在損害着這種關係，因為負債的過剩已經公然達到了荒謬的程度。這意味着我們已進入了骯髒的地帶：許多債務在絲毫不考慮借債者償還能力的情形下被發放出去，債務已公然成為控制與支配的手段。就拿當前歐盟向希臘施壓，要求後者實行緊縮政策來說，這種壓力正是精神分析裏"超我"的體現。超我並不是真正意義上的道德行動者，而是一個不斷向主體

---

5   Karl Marx, *Capital*, Vol. 1, London: Penguin Books, 1990, p.280.

提出不可實現的要求的施虐行動者，它享受着主體的失敗所帶來的快感；正如佛洛伊德所說，超我的悖論就在於：主體愈是服從於它的要求，其自身的負罪感就愈是深重。[6] 這就像一個強勢的老師給學生佈置下無法完成的作業，然後帶着施虐的快感，笑着欣賞學生臉上的焦慮和恐慌。這也正是歐盟在希臘政策上犯下的可怕錯誤，它甚至不願給希臘任何機會，希臘的失敗本身就成了遊戲的一部分。而政治經濟學分析的目標，就在於給出一個能夠走出當前債務與罪責的惡性循環的策略。

毋庸置疑，類似的悖論從一開始就已出現，因為無法履行的承諾和義務恰恰就是維繫銀行體系的基礎。當我們把錢存入銀行的時候，銀行許諾說，它有義務在任何時刻將錢還給我們，但我們心裏知道，即便銀行可以滿足一部分存戶取現的要求，它也無法同時滿足所有存戶的取現要求。這個悖論最初僅限於銀行與個人存戶之間，但如今它已擴展了到銀行與個人（法人）借貸者之間。這意味着，放貸的真正目的已不再是迅速從還款中賺取利息，相反，它的目標在於造就一種無限持續的債務，從而使負債者陷於永久性的依賴和從

6　在穆斯林原教旨主義者對西方自由派的憎恨中，我們不難察覺出這種"超我"：自由派之所以被仇視，並不在於他們對穆斯林的種族歧視，而恰恰出於相反的原因——因為他們對第三世界充滿了負罪感，並且懷疑後者是否擁有過他們自己想要的生活的權利。在這個意義上，自由派陷入了經典的超我困境——他們愈是覺得負罪，便愈是會被指責為偽善。

屬地位。十多年前，阿根廷決定提前償還它所欠國際貨幣基金組織（IMF）的債務（靠的是從委內瑞拉獲得的財政援助），這竟使 IMF 大為震驚。該組織（或者是其高層代表）非但不為提前的還款感到放心，反倒擔憂阿根廷的金融獨立有可能使其放棄緊縮的財政政策，並導致無節制的開銷。IMF 對提前償還的不安，恰恰突顯出債戶／債主關係的本質：債務已成為控制和管制借貸者的工具，因此它所爭取的，正是其自身的擴大再生產。

這樣一來，我們又回到了最初那個問題：事件如何才能將我們帶離這死水微瀾的狀態？但或許，我們應當首先摒棄那個"偉大覺醒"的神話——根據這個觀點，在某個時刻，無產階級（無論是舊的工人階級，還是新的貧民）會積聚起足夠的力量，從而給壓迫者帶來致命的一擊。並且回到黑格爾那裏：辯證進程總是始於某種肯定的觀念的發展，但在這發展過程中，觀念自身也會經歷深刻的變化（不僅是戰術性的調節，還包括在本質上的重新定義），正是由於觀念自身被捲入辯證進程之中，它將被自身的現實性所（多元地）決定。假定一個反抗運動開始時提出的訴求是伸張正義，一旦人們全身心地參與其中，他們便開始意識到：為了實現真正的正義，運動最初的訴求是遠遠不夠的（例如僅僅廢止個別法律條款）。在這些時刻，普遍維度自身被重新建構，一種全新的普遍性也呼之欲出。

這種全新的普遍性既非無所不包的容器，也不是各種力量妥協的結果；相反，它恰恰建立在分裂的基礎之上。人們往往指責奧巴馬總統，認為他非但沒有給出獲得兩黨共識的解決方案，反而在許多議題上使美國陷入了分裂。但奧巴馬的好處，或許就在於這種分裂吧。當面臨深刻危機之時，我們往往需要真正的分裂 —— 這是在眷戀舊物的人與意識到改變必要性的人之間的分裂。這種分裂並非機會主義者的妥協，而恰恰是通向真正融合的道路。進一步說，我們也不應害怕由"分裂"這個字眼帶來的另兩個詞：仇恨與暴力。如今幾乎被遺忘的美國政治活動家與散文家約翰・傑伊・查普曼（1862—1933），很早便洞穿了慈善背後的謊言，他說："這個時代的普遍懦弱把自己隱藏在慈善的外表之下，並以基督的名義要求不傷害任何人的感情。"[7] 作為有組織的仇恨的政治概念，並不僅僅出現在瘋狂的極權主義中，它還有下面這個現實版本：

　　　　因此目前的局勢已經明朗：我們有敵人。他們未必敵視我們，他們甚至有可能只是真誠地希望我們能夠快樂和繁榮，並且生活在他們認為合適的世界之中。甚至可以說，這就是他們對我們的期待：期待我們向他們承認，他們的世界是所有可能世界中最美好的 —— 或者至

7　John Jay Chapman, *Practical Agitation*, New York: Charles Scribner & Sons, 1900, p.47.

少是最不壞的，這取決於具體情況。[8]

　　數十年前，自由派針對共產主義者的這番話，如今也可以用來指稱共產主義的敵人。但這是否意味着，我們在此鼓吹的是盲目的暴力呢？我們應當去除關於暴力問題的神話，並反對在這個問題上過分簡單化的處理，例如，簡單地認為：由於二十世紀共產主義運動使用了過多的暴力與殺戮，因此我們應當極力避免重蹈覆轍。共產主義的暴力當然是可怕的事實，但此處對於暴力的過分關注，卻掩蓋了這樣一個根本問題，即：二十世紀共產主義運動綱領本身出了甚麼問題？究竟是怎樣一些固有弱點，驅使着這個綱領走向了無限制的暴力活動？換言之，僅僅指出共產主義"忽略了暴力問題"是不夠的：我們需要追問究竟是哪些深層的社會—政治挫折，迫使着他們訴諸暴力。（在同樣的意義上，僅僅指出共產主義者"忽略了民主"是不夠的：是那個社會變革的總綱領使其不得不作出了這種"忽略"。）在這個問題上，中國文化大革命的歷史給我們的教訓就是：摧毀舊時代的紀念物並不能證明我們已經徹底否定了過去。相反，這個貿然行事恰恰見證着清除過去這個任務的失敗。

　　當羅馬尼亞左翼作家帕納伊特·伊斯特拉蒂（Panait

8　Communisme: *un manifeste*, Paris: Nous, 2012, p.9.

Istrati）在 1920 年代末造訪蘇聯時，他看到第一次大清洗公開審判的場景，一個蘇共的辯護者試圖向這位作家表明對敵人的暴力是必要的，這個蘇聯人説："做奄列怎麼能不打破雞蛋呢？"對此伊斯特拉蒂回答道："好吧，我看到打破雞蛋了，可您的奄列在哪呢？"[9] 他問得很對，伊斯特拉蒂的反問並不僅僅在於反對那毫無益處的暴力行為：真正的"打破雞蛋"並不是物理意義上的暴力，而是權力對社會與意識形態關係的全面干預，這種干預雖然未必會摧毀任何人或事物，但它已改變了整個象徵性的場域。這是如何實現的？在本書接近尾聲之際，讓我們談談最後一個關於電影的例子：由帕諾斯‧庫特拉斯執導的希臘影片《斯特雷拉》（*Strella*，2009）。

由於得不到國家基金的補助，同時也被幾家大製片商所拒絕，庫特拉斯不得不在沒有任何經濟支持的條件下籌拍這部片子，這也使《斯特雷拉》成為不折不扣的獨立電影，片中幾乎所有的角色都是由業餘演員出演的。但這部影片取得了出乎意料的成功，它獲得多個獎項，成了小眾電影中的經典之作。影片講述中年男子尤戈斯的離奇經歷。尤戈斯因

9　安德烈‧普拉托諾夫那個經典的蘇維埃反烏托邦小説《地基坑》（*The Foundation Pit*, 1929-1930），講述了這樣一個故事：一羣工人在挖一個巨大的地基坑，在上面要建一棟恢宏的工人住宅大樓；但這座大樓從未被建起來，此前在這裏的房子也早已被拆除，於是那裏只剩下一個巨大的坑洞——這個小説的標題似乎也可以取作《沒有奄列的碎雞蛋》。

在村莊裏犯下的殺人罪而入獄 14 年（當時他發現 17 歲的弟弟與自己的 5 歲的兒子在玩性遊戲，尤戈斯在盛怒之下殺死了弟弟）。在漫長的牢獄生活中，尤戈斯與兒子萊昂尼達斯失去了聯繫。在刑滿釋放的當天，尤戈斯決定重新尋回兒子。尤戈斯在出獄的第一夜在一個廉價旅館中度過，在那裏他遇到了年輕的變性人斯特雷拉。兩人一起度過了一夜，不久就愛上了對方。尤戈斯也為斯特雷拉的異裝癖夥伴們所接受，而斯特雷拉對瑪麗亞·卡拉斯的模仿最讓尤戈斯傾心不已。然而不久之後，尤戈斯竟發現斯特雷拉其實就是自己失散多年的兒子萊昂尼達斯，更讓他驚訝的是，萊昂尼達斯早已知道尤戈斯是自己的父親。事實上，從尤戈斯出獄的那一刻起，萊昂尼達斯就在尾隨着他，並事先到那家旅館中等候他的到來。最初，萊昂尼達斯只是想見見父親，但當尤戈斯經過她身邊時，她就愛上了他。知道真相的尤戈斯徹底崩潰了，他逃跑着離開了萊昂尼達斯。但當兩人在一段時間之後恢復聯繫時，發現儘管他們的性關係無法繼續，但彼此都關心着對方。漸漸地，他們找到了共同的生活之道，在影片結尾的場景定格在慶祝新年的聚會上：其中斯特雷拉、她的朋友們和尤戈斯在斯特雷拉的家中歡聚一堂，其中還有斯特雷拉收養的小男孩（她死去朋友的兒子）。這個孩子既象徵着愛，也象徵着他們處於困境中的關係。

斯特雷拉將怪癖的主題帶到了它的（荒謬而崇高的）結局：在此，從創傷中的恢復被數次重複。首先，尤格斯在影片早些時候發現眼前的女子斯特雷拉其實是個變形人，但他痛快地接受了這點：當他注意到自己的伴侶是個男子時，斯特雷拉只是輕描淡寫地說："我是個變性人，你有意見嗎？"然後他們擁吻起來。但在這之後，尤戈斯面對的則是真正的創傷：他的親生兒子一直尾隨並誘惑他。在此，尤戈斯的反應與《哭泣遊戲》中弗格森看見迪爾的陽具時的反應是相同的：那是令人震驚的噁心與逃離，然後是在城市裏漫無目的遊蕩——他們無法接受自己看到的一切。而《斯特雷拉》與《哭泣遊戲》也有着類似的結局：創傷最終被愛所克服；大團圓結局中也都不約而同地出現了小男孩。

《斯特雷拉》的拍攝簡介將此片描述為"一個在茶餘飯後談論的故事，一個城市傳奇"，這意味着我們不應用和《哭泣遊戲》相同的方式看待這部影片：主人公發現他的變性情人其實是自己的親生兒子，這件事並不是某種無意識幻想的實現，而他發現真相後感到令人作嘔的反應，則只是對於一個外在的驚人壞消息的反應。換言之，我們應當抵制住要對片中父子亂倫情節做精神分析的誘惑，在此沒有任何東西需要解讀，影片結尾的情形再普通不過：那是真正的家庭幸福感。就其本身而言，這部影片向基督教家庭價值的鼓吹者提出了難題：因為如果不接受尤戈斯、斯特雷拉與領養的小孩組成的真正家庭的話，他就得對基督教傳統價值閉嘴了。影片結尾出現的那個家庭，是真正意義上的聖潔之家，那就像聖父與耶穌同住，並與他發生性關係那樣，那也是終極意義上的父子亂倫與同性婚姻 —— 它使幻想的架構發生了根本的重構。[10] 在《試論文化的定義》中，T.S. 艾略特曾評論說，在有些時刻，我們唯一的選擇就是那介於不信教與異端邪說之間的東西；而在有些時刻，使宗教存活的唯一方式，便是從主流團體中分裂出新的教派。基督教家庭價值也正面臨着相同的考驗：唯一重拾這些價值的方式，就是對家庭的概念進行重新定義（重構），使得它能將《斯特雷拉》結尾處的這個離奇的家庭包括進來。

於是，我們也來到了本書的結尾 —— 它又把我們帶回開篇，在那裏，我們曾作出對事件的第一個定義：它是重構的行動，然後我們沿着旅途，依次經過了墮落的事件與啟蒙的事件，之後又分別談論了哲學與精神分析中的三個事件。在目睹了事件被撤銷的可能性之後，我們最後在終點站那裏勾勒出了政治事件的大體輪廓。[11] 如果，在深夜的牀前，我們剛剛結束旅途的旅行者雖還滿懷着愉快的倦意，但卻因筋疲

10 對於《斯特雷拉》更細節的分析，還可以提及其中對人聲的處理。斯特雷拉是瑪麗亞・卡拉斯的崇拜者，她在異裝俱樂部就模仿着卡拉斯。在影片倒數第二個場景中，在與尤格斯復合後，斯特雷拉夜裏走在雅典街頭，畫外傳來卡拉斯唱的普契尼歌劇選段。在此，斯特雷拉不再模仿卡拉斯的歌唱，因為最終，她接受了自己的異化：那聲音並不屬於你，你自己不應模仿他人，而應在他性中接受他者。

11 本書對於事件的概述顯然是不完整的。在筆者沒有討論的那些事件概念中，有兩類應當提及，其一是分析哲學中，如早期路德維希・維特根斯坦（Ludwig Wittgenstein）以及唐納德・大衛森（Donald Davidson）等討論到的事件概念，另一個則是當代亞原子物理中，量子過程（或者波等）的事件性地位。

力盡而無法看到政治事件的前景 —— 此刻筆者就只能真誠地
提醒他：“好好注意！”